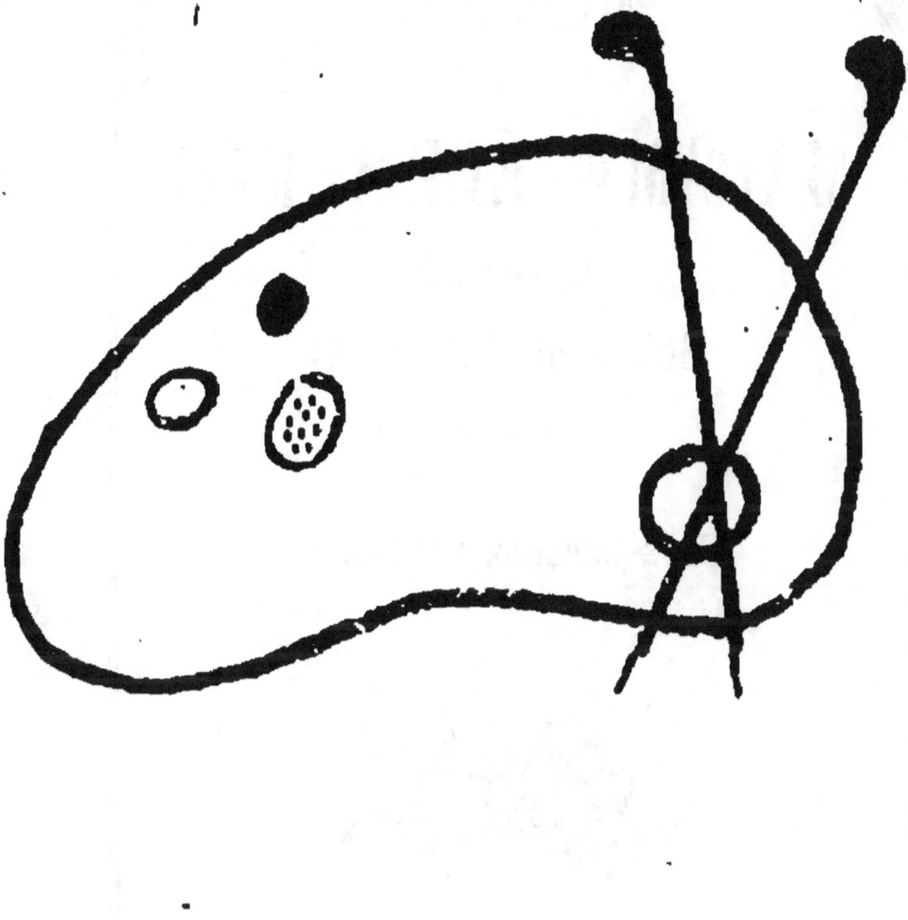

Couvertures supérieure et inférieure
en couleur

MÉMOIRES

DE

MADAME ÉLISABETH

DE FRANCE

SOEUR DE LOUIS XVI

ANNOTÉS ET MIS EN ORDRE

PAR

F. DE BARGHON FORT-RION

PARIS
AUGUSTE VATON, ÉDITEUR
rue du Bac, 59

1858

DU MÊME AUTEUR :

Les Violettes de Parme, poésies, 1 vol. in-8. Paris, 1856.
Étude critique et littéraire. Paris, 1856.
La Légende de Thomas II. 1857.
Napoléon et la République de San-Marino.
Piétro Bembo. 1858.
Mémoires de Marie-Thérèse, duchesse d'Angoulême, nouvelle édition. Paris, 1858.

EN PRÉPARATION :

Louis XVIII, étude historique.
Feuilles éparses, poésies.
Charles X; son portrait et son règne.

MÉMOIRES

DE

MADAME ÉLISABETH DE FRANCE

PARIS
IMPRIMERIE L. TINTERLIN ET C*
Rue Neuve-des-Bons-Enfants, 3.

MÉMOIRES
DE
MADAME ÉLISABETH
DE FRANCE
SŒUR DE LOUIS XVI

ANNOTÉS ET MIS EN ORDRE

PAR

F. DE BARGHON FORT-RION

In memoria æterna erit justus.

PARIS
E. DENTU, ÉDITEUR
LIBRAIRE DE LA SOCIÉTÉ DES GENS DE LETTRES
PALAIS-ROYAL, 13, GALERIE D'ORLÉANS.

—

1864

MÉMOIRES

DE

MADAME ÉLISABETH DE FRANCE

BAYEUX.—IMPRIMERIE DE A. DELARUE.

MÉMOIRES
DE
MADAME ÉLISABETH
DE FRANCE
SOEUR DE LOUIS XVI

ANNOTÉS ET MIS EN ORDRE

PAR

F. DE BARGHON FORT-RION

In memoria æterna erit justus

PARIS
AUGUSTE VATON, ÉDITEUR
rue du Bac, 50

1858

INTRODUCTION

Il est, dans les plus hautes sphères sociales, des femmes dont toute la vie n'est qu'abnégation; elles évitent le bruit, l'éclat, la célébrité avec autant d'empressement que d'autres les recherchent; leurs plus belles parures, c'est la vertu modeste, l'humble charité. Ne cherchez, dans leur existence, ni incidents romanesques, ni épisodes curieux, ni aventures merveilleuses, ni péripéties inattendues : leurs actes, leurs physionomies n'offrent aux dramaturges et aux conteurs rien d'étrange, d'inconvenant, d'échevelé, de pittoresque ; l'accomplissement du devoir, la piété calme et sincère, la bienfaisance sans affectation, la dignité sans roideur, le courage sans faste : voilà toute leur vie.

Il y a eu de ces nobles organisations, de ces créatures d'élite dans les rangs les plus élevés et jusque sur les marches du trône : l'histoire est là pour l'attester. Qu'on ne dise donc pas qu'une position supérieure développe et entretient nécessairement la vanité, l'orgueil, l'égoïsme ; les cœurs qu'animent le sentiment religieux, la foi chrétienne, trouvent dans une pareille situation un motif de plus pour se livrer à leurs généreuses inspirations ; ils comprennent qu'en leur donnant la fortune et la puissance, Dieu leur a commandé d'en user pour le bien des peuples. C'est une œuvre d'assistance, de moralisation et d'édification sociale qu'ils s'imposent et qu'ils poursuivent avec un infatigable dévouement.

Ces réflexions se présentent naturellement à notre esprit au seul nom de Madame Elisabeth de France. Dans ces sphères rayonnantes où l'attrait des plaisirs, les douceurs enivrantes de la flatterie, les soucis de l'ambition égarent et pervertissent souvent les meilleures natures, elle n'eut qu'une préoccupation, qu'une idée fixe : aimer Dieu, secourir les pauvres. Fille du grand-dauphin, sœur de Louis XVI, Madame Elisabeth de France eut le rare bonheur de trouver autour d'elle des modèles accomplis de ces hautes vertus dont le germe était dans son cœur. Une éducation forte et sérieuse développa dans son esprit les principes religieux, sans lesquels il n'y a pas de moralité solide; le recueillement, la prière, les œuvres de piété et de bienfaisance devinrent de bonne heure ses plus chères occupations; au milieu de l'animation, de l'éclat et des splendeurs de la cour, elle s'était créé une solitude, une sorte de thébaïde où son âme communiquait avec Dieu. Elle ne s'isolait cependant pas des intérêts du monde; elle avait le jugement trop sûr pour s'égarer dans un stérile mysticisme, dans une oisive rêverie. Chaque jour voyait s'accroître le nombre de ses bonnes œuvres, qu'elle dissimulait par toute sorte de moyens ingénieux; on pouvait dire d'elle que sa gauche ignorait le bien que sa droite avait accompli.

Il y avait dans le cœur de cette noble femme l'amour, l'enthousiasme, ou plutôt la poésie du devoir. Cette dernière expression semble étrange à notre époque, qui attache au mot poésie une signification bien différente: pour la génération actuelle, la poésie est le bizarre, la fantaisie, l'extraordinaire; que lui importe cet idéal de perfection morale, rêvé par quelques élus nourris des pures doctrines du christianisme?

Cet idéal, Madame Elisabeth de France l'a toujours poursuivi sans se préoccuper des applaudissements des hommes. Son ambition s'élevait plus haut; elle laissait à des vertus moins épurées le frivole plaisir de poser pour la foule.

Il vint un jour cependant où, violemment arrachée de sa retraite volontaire, elle se vit forcée en quelque sorte d'étaler aux yeux du monde toute la force, toute l'élévation, toute la grandeur de son âme. L'orage révolutionnaire déployait toutes ses fureurs sur la France épouvantée; sous prétexte de réformer l'ordre social, des utopistes sanguinaires couvraient le sol de cadavres et de débris ; on ne respectait plus ni le rang, ni le génie, ni l'âge, ni le sexe; les plus nobles têtes roulaient sur l'échafaud. La famille royale périt à son tour, après avoir subi tout ce que la haine et l'injustice peuvent inventer de tortures.

Madame Élisabeth de France partagea le sort de ses augustes parents; traduite la dernière devant l'horrible tribunal, elle y fit preuve d'une rare fermeté, et se borna à répondre :

« A quoi servent toutes vos questions? vous voulez ma mort, je suis prête : prononcez donc votre arrêt. Je n'aspire qu'à aller rejoindre au ciel mes augustes parents, que j'ai tant aimés sur la terre. »

Madame Élisabeth de France est sans contredit un des plus beaux caractères qui se soient manifestés pendant notre première révolution; sa place était nécessairement marquée dans la collection historique que nous nous sommes proposé de publier, et il nous a semblé que le récit des actes de la vie privée d'une femme si éminente par ses vertus et par son caractère serait une bonne fortune pour nos lecteurs.

Mais, dès notre début, nous avons été arrêté par une difficulté assez sérieuse: où trouver les éléments d'un pareil travail?

On a fort peu écrit sur Madame Élisabeth de France; le peu de documents qui nous restent sur cette auguste princesse, n'auraient pu suffire à la rédaction d'un ouvrage de quelque étendue; heureusement, la volumineuse correspondance qu'elle a laissée, nous offre des matériaux d'un prix inestimable. Ces lettres, adressées à plusieurs personnages éminents de l'époque, sont le reflet de cette âme si belle, si pure, si élevée. Madame Élisabeth se peint là tout entière, sans prétention, sans efforts.

C'est dans ce recueil, tout plein de confidences intimes, que nous avons puisé à pleines mains; nous avons conservé à ces révélations leur caractère personnel, leur spontanéité : aussi croyons-nous pouvoir donner au travail que nous publions, le titre de *Mémoires*.

Tout l'éloge de cette vertueuse et sainte princesse se trouve réuni dans quelques lignes de M. Allissan de Chazet :

« La mort d'une princesse dont on ne prononce le nom qu'avec respect, est venue couronner cette série de forfaits qu'un génie infernal a inspirés aux révolutionnaires contre la race royale. La France la révère comme une sainte, mais la France ne sait pas qu'elle joignait à une âme angélique une énergie rare et une vigueur de volonté qu'on ne trouve guère dans une femme. »

Telle était cette princesse, qui unissait les qualités qui font les reines, aux vertus qui font les saintes. Sa figure, admirablement belle, réfléchissait son âme ; elle est morte à trente ans, calme comme l'innocence, regardant le ciel, d'où elle était descendue pour y remonter trop tôt.

VIE

DE

MADAME ÉLISABETH

DE FRANCE

In memoria æterna erit justus.

ÉLISABETH DE FRANCE (Philippine-Marie-Hélène), sœur de Louis XVI, naquit à Versailles le 23 mai 1764 ; elle fut le dernier enfant de Louis, dauphin de France, et de Marie-Joséphine de Saxe. Ses illustres auteurs avaient été l'amour et l'espoir de la France : leur mort prématurée la plongea dans le deuil ; mais, comme si le ciel eût en quelque sorte voulu dédommager les peuples d'une perte aussi cruelle, il fit naître dans Madame Élisabeth une princesse héritière de leurs vertus royales, une princesse qui, brillante de qualités célestes, devait, jeune encore, enchaîner leur admiration. Pourquoi ce dédommagement ne fut-il que passager! L'ange envoyé de Dieu ne brilla qu'un instant... Un crime affreux le ravit à la France.

Le souvenir de Madame Élisabeth est dans tous les cœurs, et si à son nom s'est attachée l'idée d'une perfection imaginaire, le récit pur et simple de son court séjour sur la terre prouvera qu'il n'y a rien là d'exagéré.

A peine âgée de trois ans, elle perdit sa mère. Madame de Marsan, gouvernante des enfants de France, et bien digne, par ses vertus et par ses lumières, de remplir un emploi aussi saint, prodigua les soins les plus tendres à l'auguste orpheline, dont elle fit l'éducation.

Madame de Marsan s'occupait alors de celle de Madame Clotilde, sœur de Madame Élisabeth. L'illustre élève était destinée à devenir bientôt l'ornement d'une cour étrangère; son âme élevée et pure avait été fortifiée par les meilleurs préceptes et par une piété sincère.

Madame de Marsan voyait dans Madame Clotilde son ouvrage, et ses vertus faisaient sa gloire. Madame Élisabeth lui offrait une nouvelle palme à cueillir; mais il est vrai de dire que la nature, prodigue des germes précieux envers la sœur aînée, semblait avoir laissé beaucoup à faire pour l'éducation de la sœur puînée. Fière et dédaigneuse, facile à irriter, même par les plus tendres remontrances, accessible à la colère : telle était la jeune princesse chez qui Madame de Marsan devait, à force d'art, corriger la nature. Cette tâche difficile ne l'effraya point. Prenant pour modèle le sage Fénelon, elle opposa à ses défauts l'arme irrésistible de la douceur, une constance inébranlable; et, de même que l'illustre archevêque de Cambrai était parvenu à dompter le caractère du duc de Bourgogne, dont le sang coulait dans les veines de Madame Élisabeth, Madame de Marsan sortit victorieuse de la lutte où elle s'était engagée.

Madame de Mackau fut choisie pour partager les fonctions délicates de Madame de Marsan; on lui donna le titre de sous-gouvernante. Cette dame avait été élevée à Saint-Cyr; les renseignements que dans cette maison l'on avait donnés sur elle, étaient si satisfaisants, qu'il eût été difficile de faire un meilleur choix. Peu d'institutrices, en effet, ont réuni aussi éminemment toutes les qualités nécessaires pour élever des enfants nées près du trône. Madame de Mackau, dont le mari avait été ministre à Ratisbonne, s'était retirée en Alsace; mais la vertu ne saurait se cacher: sa modestie même la fit découvrir.

Ces deux femmes éminentes employèrent tour à tour, et selon que le caractère de leur élève paraissait le réclamer, la douceur ou la fermeté, les caresses ou les reproches.

Bientôt la jeune princesse sentit le besoin d'être aimée, et son âme plus docile s'ouvrit insensiblement aux conseils de ses institutrices. Leur affection étant devenue le prix de sa docilité, elle fit tourner tout à son avantage la récompense qu'elle trouvait dans leur attachement, et les efforts qu'elle faisait pour le mériter. On put dès-lors présager le succès de l'entreprise de Madame de Marsan et de Madame de Mackau, et la perfection de la princesse devait un jour les récompenser de leur activité étonnante et de leur tendre sollicitude. Aussi saisissaient-elles avec empressement toutes les nuances, tous les retours naturels du caractère de Madame Élisabeth, pour s'aider à diriger leurs moyens de réformation. Des raisonnements aussi justes que simples, et toujours appropriés à l'âge de l'élève, lui faisaient sentir combien étaient coupables et dangereux ces mouvements de colère, cette fierté mal entendue, cette roideur contre les remontrances, qui, en abaissant l'âme, nous privent de toute intimité et de toute confiance de la part de nos semblables ; ce qui entraîne des conséquences bien plus fâcheuses encore pour une princesse que pour une personne ordinaire. Alors que ces conseils de l'amitié n'étaient point accueillis favorablement, les sages institutrices affectaient un air froid et insensible ; le silence et une apparente sévérité succédaient à l'abandon de leur cœur. Madame Élisabeth, se croyant ainsi privée de la tendresse de ces dames, interrogeait leur regard, leur sourire, leur démarche, et, ne pouvant supporter l'idée de n'être plus aimée, se livrait en secret au repentir, lorsqu'elle croyait y lire sa condamnation ; c'était pour elle une punition terrible que cette indifférence, qui semblait lui reprocher ses torts. Son exquise sensibilité répara en elle les défauts de son caractère, qui, dès l'enfance, se déployèrent avec une grande violence, et qui dans la suite furent remplacés par une inflexibilité de principes, une douceur et une bonté, une noblesse de sentiments, une énergie qui la mirent au-dessus des coups de la fortune.

Madame de Marsan n'admettait, dans la société de son élève, que des jeunes filles dont l'éducation soignée pût encore ajouter à celle qu'elle lui donnait ; et, voulant même que les plaisirs eussent leur utilité, elle entourait Madame Élisabeth de personnes aimables et sages, dont les connaissances variées fussent susceptibles d'orner à la fois l'esprit et le cœur. Les heures d'étude étaient fixées, ainsi que celles des récréations. Madame de Marsan avait encore donné à ces dernières une direction telle, qu'elles n'étaient qu'un changement d'études : c'était pendant les récréations que ses élèves apprenaient à exprimer leurs pensées agréablement, à se former le goût et le raisonnement, et à acquérir le talent heureux d'unir une gaieté franche, une morale douce et pure à un maintien réservé et à une décence inséparables des âmes bien nées.

Madame de Marsan fit composer exprès de petites pièces offrant des exemples de vertu, pour être jouées par les princesses elles-mêmes et par leurs jeunes compagnes ; c'était encore dans les heures de récréation qu'elle permettait, en les surveillant, les représentations de ces petites comédies, dont elle distribuait ou refusait les rôles, selon le plus ou le moins de contentement qu'elle avait éprouvé de la part de ses intéressantes élèves. Elle faisait aussi concourir les promenades champêtres à leur instruction, en leur expliquant l'origine, la nature et les propriétés des fleurs, des plantes, des arbustes, des arbres étrangers.

Un des premiers livres qu'on mit dans les mains de Madame Élisabeth, et c'est en effet le premier qu'on devrait toujours mettre sous les yeux de la jeunesse, ce fut les *Hommes illustres* de Plutarque, de cet écrivain illustre lui-même, qui posséda si bien le rare talent de juger les hommes et leurs actions, et qui en quelque sorte édifia un code de morale que les générations ont consacré, et que la postérité la plus reculée consultera encore comme un monument digne de tous les âges. Madame Élisabeth éprouva le plus grand plaisir à cette lecture; elle y puisa ces leçons que donne l'histoire, et cette force nécessaire aux grands pour supporter les injustices dont souvent ils sont victimes : elle ne pensait guère alors que ces leçons de courage contre l'adversité dussent être un jour la règle de sa conduite.

Mais ce fut surtout à l'étude de la religion que Madame Élisabeth s'appliqua avec le plus de zèle. Les principes, les mystères, les vérités de la croyance de Jésus-Christ lui paraissaient tellement démontrés, tellement incontestables, que la religion, dont elle fut pour ainsi dire une preuve nouvelle, semblait être sa science naturelle ; elle y trouvait avec raison la source du vrai bonheur et de toutes les vertus. De pareils sentiments dans une aussi jeune princesse étaient bien les indices certains d'une âme véritablement grande et belle.

A toutes les qualités brillantes que l'on voyait successivement se déployer en elle, aux talents, aux connaissances utiles et agréables qui ajoutaient encore aux grâces de son esprit, se joignirent naturellement une piété solide, une charité parfaite, un accomplissement rigoureux de tous ses devoirs, une prudence consommée, une grande réserve, et l'attention la plus scrupuleuse, sans aucune affectation cependant, à ne jamais prononcer une parole qui ne fût digne d'elle, et à ne point émettre une idée dont elle pût se repentir; elle possédait en un mot, selon les expressions de son digne panégyriste, M. Ferrand, tout ce qui approche le plus de la perfection, si ce n'est la perfection même. Et ce qu'elle fut dans sa jeunesse, elle le fut pendant toute sa vie.

Heureuse de voir ainsi grandir son auguste élève, Madame de Marsan jouissait de ses travaux, et songeait à se livrer à la retraite, qu'elle pouvait embellir de si beaux souvenirs. Cependant le mariage de Madame Clotilde avec le prince de Piémont devait être l'époque d'une triple séparation : le départ de la princesse était fixé ; la cour de Turin allait s'enorgueillir de la posséder, et Madame Élisabeth allait sentir le vide affreux que laisse dans un cœur sensible l'absence d'une sœur chérie que la différence de l'âge lui faisait considérer comme une tendre mère. Ce moment fut terrible : Madame Élisabeth ne put prononcer l'adieu fatal sans fondre en larmes ; sa bouche se refusa même à le prononcer. La jeune princesse voulut se dérober à sa douloureuse situation en se jetant dans les bras de Madame de Marsan..... Mais ce n'était qu'une diversion à sa peine, à laquelle une autre devait succéder : sa respectable institutrice s'éloignait d'elle aussi. On ne saurait peindre l'abattement de

Madame Élisabeth : arrachée aux objets de sa plus tendre affection, elle eut besoin de toute la force de son âme pour ne pas succomber à deux épreuves aussi cruelles et aussi rapprochées ; mais Dieu, sans doute pour la préparer aux coups du sort, avait placé dans son âme la source pure des saintes consolations ; elle retrouva, dans son amour pour la religion, le calme dont son cœur venait d'être privé.

Madame de Guémené remplaça Madame de Marsan. L'éducation de la princesse, si bien commencée, n'offrit à la nouvelle gouvernante aucune difficulté. La route à suivre était si bien tracée, et l'élève avait tant d'ardeur pour l'étude, qu'il était devenu plus nécessaire de modérer ses progrès que de chercher à les exciter. Madame Élisabeth sut bientôt s'attacher Madame de Guémené par une amitié sincère, par une aimable docilité, et l'institutrice goûta près de son élève le bonheur que la jeune princesse répandait autour d'elle.

L'éducation avait tellement modifié ce caractère naturellement violent, qu'il fallut ensuite qu'elle combattît contre elle-même pour ne pas laisser prendre sur elle un empire dont elle voyait de si près de funestes exemples. Elle aurait même été disposée à se laisser dominer, et ses amies ont été quelquefois témoins des efforts qu'elle faisait pour que sa confiance la plus tendre ne dégénérât pas en faiblesse.

Mais, au moment de la révolution, lorsqu'elle se fut déterminée à ne pas quitter le roi, elle reprit, par principe même de religion, un caractère ferme et énergique. Elle n'hésitait jamais à donner hautement tous les conseils que cette énergie lui inspirait. On ne les suivait point, et cette âme forte, toujours résignée, se soumettait en gémissant, mais annonçait tous les malheurs dans lesquels on se précipitait.

Madame Élisabeth se plaisait à aller de temps en temps s'entretenir quelques heures avec les dames de la maison de Saint-Cyr. L'éducation des jeunes personnes avait été portée dans cet établissement au plus haut point de perfection ; cependant les institutrices, bien dignes de juger Madame Élisabeth, la donnaient pour exemple à leurs élèves.

Celles-ci avaient pour la princesse la plus grande admiration ; car son rang ajoutait encore à l'éclat de ses vertus. Madame Élisabeth permettait qu'on amenât devant elle quelques demoiselles, et cet honneur, n'étant accordé que comme une marque de satisfaction, devint pour toutes un motif d'émulation.

La famille royale conçut l'estime la plus parfaite pour Madame Élisabeth, dont les qualités extraordinaires provoquaient tous les éloges. Le roi son frère, ce roi qui pouvait, comme Henri IV, dire qu'il ne serait bien connu que lorsqu'il ne serait plus, ce roi, l'objet des regrets éternels de la France, eut surtout pour elle une tendresse particulière: Juste appréciateur du mérite, il trouvait un charme indéfinissable à sa conversation, et chaque moment de leur séparation les laissait agités de deux sentiments qui prouvaient le besoin de leur cœur : c'étaient le regret de se quitter et le désir de se revoir bientôt. Cette douce habitude d'épancher leur âme, cette conformité de pensées qui les attachait l'un à l'autre, venaient encore fortifier leur amitié, que tant de rapprochements auraient cimentée si elle n'eût été fraternelle.

Il avait été question d'unir Madame Élisabeth à un prince de Portugal. Le roi regretta peu cette alliance, qu'il avait été sur le point de signer : l'éloignement de sa sœur eût déchiré son âme. Madame Élisabeth n'approuvait pas en secret ce mariage; mais, sujette soumise autant que tendre sœur, elle s'y fût conformée, si le roi l'eût exigé d'elle; elle en vit la rupture avec plaisir.

Le duc d'Aost, depuis roi de Sardaigne, parut un instant sur les rangs; ce mariage eût réuni Madame Élisabeth à sa sœur. L'empereur Joseph II, qui eut occasion de la voir lors de son premier voyage en France, fut charmé de son caractère et de son esprit, et se disposait aussi à demander sa main. Une intrigue de cour l'en détourna. Madame Élisabeth ne paraissait point éloignée de cette alliance; toutefois, elle se félicita de ce qu'aucun autre sentiment que celui de l'amitié ne viendrait occuper son cœur.

La reine étant sur le point de donner le

jour au premier fruit d'un hymen formé depuis huit ans, les personnes qui faisaient l'éducation de Madame Élisabeth, furent destinées à celle du royal enfant. Le roi, convaincu que chez sa sœur les lumières de la raison et de la sagesse avaient devancé l'âge, crut pouvoir sans crainte avancer l'époque où l'on devait lui former une maison. Madame Élisabeth avait alors quatorze ans. Ce changement lui inspira de grandes craintes ; mais personne ne les partageait : sa modestie seule ne lui permettait pas de croire qu'elle fût encore en état d'obtenir la maison d'une dame de France. Elle redoutait de se voir maîtresse de ses actions, entourée d'une cour brillante, et captivée par les plaisirs ; elle ne se doutait point qu'elle portait dans son âme tout ce qui pouvait la défendre de ces amorces trompeuses et sans accès auprès de la véritable vertu. Elle déclara qu'elle ne voulait recevoir que les pieuses femmes qui l'avaient élevée et celles qui étaient attachées à sa personne. Elle conserva tous ses maîtres, et régla la suite de son éducation, qu'elle ne voulait point considérer comme finie; elle se livra aux mêmes heures à l'étude de l'histoire, des langues et des belles-lettres, et aux pratiques de la religion ; enfin, elle exerça sur elle-même, et avec plus de sévérité, l'inspection dont étaient chargées ses institutrices: « Je veux, leur disait-elle souvent, que vous me trouviez toujours digne de votre approbation et de votre sourire. » La société de ses respectables tantes lui offrit un nouveau charme, et elle redoubla ses assiduités près d'elles. Monsieur, son frère, depuis Louis XVIII, venait l'aider dans ses études. Elle était sûre de trouver, dans l'entretien amical de ce prince, cette instruction variée et ce jugement sain qu'il possédait à un degré éminent. M. le comte d'Artois, qui avait pour sa sœur une amitié et une admiration sans bornes, lui offrait dans sa personne seule les qualités aimables et brillantes qui distinguent la nation française tout entière.

Sachant qu'elle avait une imagination vive, Madame Élisabeth mettait elle-même le plus grand soin dans le choix de ses lectures. Elle ne lisait jamais de romans, et témoignait à ses dames le désir qu'elle avait de les voir l'imiter. Ce qui plus tard donna un grand prix à cette réserve de sa part, et ce qui est aussi admirable qu'étonnant dans une aussi jeune princesse, c'est lorsqu'on apprit que sa bibliothèque renfermait les livres dont elle proscrivait la lecture. Elle aurait pu les en exclure; mais non : ce fut encore une preuve de vertu et de modération. Elle n'avait point été libre de choisir son bibliothécaire, et, soit intrigue, soit qu'on voulût l'éprouver, on lui donna Champfort, qui, selon son propre goût, introduisit dans la bibliothèque de la princesse beaucoup de romans et d'ouvrages philosophiques. Madame Élisabeth dédaigna d'en faire la remarque, mais ne toucha jamais à ces livres.

Elle partageait son temps entre la tendresse fraternelle et l'étude; ses récréations étaient consacrées aux arts, à la peinture surtout, pour laquelle elle avait un rare talent. La société de ses amis était tout son bonheur, et elle faisait celui des personnes qui l'approchaient. Son esprit, sa gaieté, son amabilité, ses grâces, ses connaissances variées, lui attachaient tous les cœurs: il était impossible de ne pas l'aimer. Elle savait se dérober aux hommages adulateurs, et voilait en quelque sorte ses qualités aimables aux yeux des courtisans. Aussi sut-elle se prémunir contre la malignité du siècle, et empêcher la calomnie d'approcher d'elle. Sa vertu faisait honorer les mœurs publiques (1).

Elle ne pouvait rester un seul instant sans s'occuper, et le travail manuel ne lui était point étranger; elle excellait surtout dans la broderie, qu'elle se plaisait à orner de dessins

---

(1) Pour fournir à toutes ses charités et à tous ses actes de bienfaisance, Madame Élisabeth n'avait que sa pension. Tous les mois, sa première femme de chambre lui rendait compte de cette dépense, et souvent elle lui avançait de l'argent sur le mois suivant. Elle refusa souvent d'acheter soit bijoux, soit objets de parure, en disant: Nous soutiendrons quelques malheureux de plus, avec ce que cela me coûterait.

Un marchand vint un jour lui offrir un ornement de cheminée d'un goût nouveau, et qui coûtait quatre cents francs; il ne demandait pas d'argent comptant. Madame Élisabeth le refusa en lui disant: Avec quatre cents francs, je puis monter deux petits ménages.

fort compliqués. Cette habitude du travail ne se ralentit jamais chez elle. Un jour qu'elle finissait de broder un jupon, une de ses femmes, frappée de la beauté des dessins et de la netteté de l'exécution, lui dit:

« — C'est réellement dommage que Madame
« soit si adroite.

« — Pourquoi donc?

« — Cela conviendrait mieux à des filles
« pauvres: ce talent leur suffirait pour gagner
« leur vie et pour nourrir leurs familles.

« — C'est peut-être pour cela que Dieu me
« l'a donné, et bientôt peut-être j'en ferai
« usage pour me nourrir, moi et les miens. »

On était alors au mois de mars 1792.

Madame Élisabeth considérait les dames de son intimité comme ses propres sœurs. Elle voulait connaître tout ce qui les intéressait et ne point même ignorer les détails de leurs familles. Si l'une d'elles était en couche ou malade, elle lui rendait exactement des visites, lui prodiguait tous les secours possibles, et se faisait un plaisir de lui tenir compagnie. Elle se mêlait aux jeux de leurs enfants, et regardait toutes ces marques d'attention comme de simples devoirs de l'amitié.

Parmi les jeunes personnes qui, dès leur enfance, avaient eu l'honneur d'approcher Madame Élisabeth, il en fut à qui elle conserva un attachement tout particulier. Un pressentiment secret semblait lui avoir dit qu'elles seraient dignes d'elle. De ce nombre furent Mademoiselle de Causan et la fille aînée de Madame de Mackau. Les destinées de ces deux nobles femmes se rattachent si essentiellement à la vie de Madame Élisabeth, que nous ne pouvons nous dispenser de les faire connaître. Nous extrairons textuellement ce qui les regarde de l'Éloge historique de Madame Élisabeth, par M. Ferrand :

« Mademoiselle de Causan était chanoinesse
« de Metz. En cette qualité, elle devait passer
« huit mois de l'année à son chapitre. Le
« terme de son départ approchait ; Madame
« Élisabeth voyait arriver ce moment avec
« une véritable peine, et s'était secrètement
« occupée de fixer auprès d'elle sa jeune amie.
« Un jour celle-ci reçut une lettre, et vit avec

« surprise que sur l'adresse elle était qualifiée
« de *dame* de Madame Élisabeth ; elle ôte l'en-
« veloppe, et trouve un aimable billet de la
« princesse, qui se félicite de la garder, et lui
« mande de venir le lendemain pour savoir
« l'explication de cette énigme. Madame Éli-
« sabeth ne pouvait témoigner d'une manière
« plus ingénieuse et plus sensible combien elle
« attachait de prix à ne pas se séparer de
« Mademoiselle de Causan. Mais elle craignait
« l'opposition de Madame de Causan, sa mère,
« femme d'un mérite rare, d'une grande sévé-
« rité de principes, et qui avait pour maxime
« qu'aucune de ses filles n'eût de place à la
« cour sans être mariée. Madame de Causan
« avait plusieurs enfants et peu de fortune. Le
« lendemain, elle vint avec sa fille chez Mada-
« me Élisabeth. La princesse courut au-devant
« d'elle avec empressement, et se jeta à son
« cou en lui répétant plusieurs fois : *Ne me*
« *refuse pas.* Madame de Causan était péné-
« trée de tant de bonté, mais tenait toujours
« à sa maxime. Madame Élisabeth ne la com-
« battait pas, mais disait : *Je sais ta façon de*

« *penser; sois tranquille, je pourvoirai à tout,*
« *je la marierai.* En effet, plusieurs mariages
« s'étant présentés, celui de M. de Raigecour
« parut convenir. Madame Élisabeth va un
« matin chez la reine, et, avec une gaieté
« aimable et tendre, lui dit: *Promettez-moi de*
« *m'accorder ce que je vais vous demander.*
« La reine, avant de promettre, veut connaître
« la demande. Il s'engage entre elles deux un
« combat de plaisanterie. Enfin, Madame Éli-
« sabeth lui expose ce dont il s'agit, et ajoute:
« *Je veux donner à Causan cinquante mille*
« *écus pour sa dot; obtenez du roi qu'il m'a-*
« *vance, pour cinq ans, les trente mille francs*
« *d'étrennes qu'il me donne annuellement.* Elle
« eût été sans doute aussi sûre d'obtenir ce
« qu'elle désirait, si elle se fût adressée direc-
« tement au roi; mais il y avait une délicatesse
« infinie à vouloir que cette grâce fût due en
« partie à la reine, et cette circonstance prouve
« avec quelle exacte attention Madame Élisa-
« beth observait jusqu'aux moindres nuances,
« jusqu'aux plus petits ménagements. La reine
« se chargea volontiers d'une demande dont

« le succès était infaillible. Le roi saisit cette
« occasion de donner à sa sœur une nouvelle
« marque d'attachement, et Madame Élisabeth
« eut la jouissance d'annoncer à Mademoiselle
« de Causan qu'elle ne la quitterait pas. Tout
« cela était dit, écrit, répété par elle avec un
« abandon, une sensibilité, un charme irrésis-
« tibles. Pendant les cinq années qu'elle ne
« reçut rien au jour de l'an, lorsqu'on parlait
« des étrennes, elle disait : *Moi, je n'en ai pas
« encore, mais j'ai ma Raigecour.* Il est à
« remarquer que la dernière de ces cinq
« années était 1789, et que les circonstances
« qui survinrent, ne permirent pas de repren-
« dre l'ancien usage. »

Quant à Mademoiselle de Mackau, depuis Madame de Bombelles, c'est elle-même qui parle dans ce récit, qu'elle communiqua à M. Ferrand, en 1795 :

« Madame Élisabeth avait sept ans, lorsque
« ma mère arriva de Strasbourg pour remplir
« les fonctions de sous-gouvernante. Madame
« de Marsan, prévenue en sa faveur, la reçut
« comme si elle eût dû la remercier d'avoir

« accepté le pénible emploi qu'elle lui avait
« confié. Elle voulut voir ma sœur et moi, et
« nous présenta à Mesdames. Madame Élisa-
« beth me considéra avec l'intérêt qu'inspire
« à un enfant la vue d'un autre enfant de son
« âge. Je n'avais que deux ans de plus qu'elle,
« et j'étais aussi portée qu'elle à m'amuser.
« Les jeux furent bientôt établis entre nous,
« et la connaissance bientôt faite. Ma mère,
« n'ayant point de fortune, pria Madame de
« Marsan de solliciter pour moi une place à
« Saint-Cyr. Elle l'obtint, et je m'attendais à
« être incessamment conduite dans une maison
« pour laquelle j'avais déjà un véritable atta-
« chement. Cependant Madame Élisabeth de-
« mandait sans cesse à me voir; j'étais la
« récompense ou de son application ou de sa
« docilité, et Madame de Marsan, s'aperce-
« vant que ce nouveau moyen avait un grand
« succès, proposa au roi que je devinsse la
« compagne de Madame Élisabeth, avec l'assu-
« rance que, lorsqu'il en serait temps, il
« voudrait bien me marier. Sa Majesté y con-
« sentit. Dès ce moment, je partageai tous

« les soins qu'on prenait pour l'éducation et
« l'instruction de Madame Élisabeth. Cette
« infortunée et adorable princesse, pouvant
« s'entretenir avec moi des sentiments qui
« remplissaient son cœur, trouvait dans le
« mien une reconnaissance, un attachement
« qui, à ses yeux, me tinrent lieu des qualités
« de l'esprit et de l'amabilité. Elle me con-
« serva, sans aucune altération, des bontés et
« une tendresse qui m'ont valu autant de bon-
« heur que j'éprouve aujourd'hui de douleur
« et d'amertume (1). Je fus mariée par elle à
« M. de Bombelles. Le roi voulut bien, sur la
« demande de sa sœur, me donner une dot

(1) Il est facile de remarquer dans ce récit combien la fin déplorable de Madame Élisabeth avait touché Madame de Bombelles, qui faillit mourir lorsqu'elle reçut la nouvelle de son exécution. Madame de Bombelles mourut à Brunn, en Moravie, au mois de septembre 1800. Depuis 1792, elle et sa nombreuse famille ne vivaient que des bienfaits du roi et de la reine de Naples. Ses qualités précieuses et surtout sa bienfaisance lui méritèrent des hommages publics dans les Gazettes allemandes, et il est, je crois, sans exemple, que dans les États autrichiens, un journal ait rendu deux hommages éclatants aux vertus d'une victime de l'émigration.

« de cent mille francs, une pension de mille
« écus et une place de dame pour accompagner
« Madame Élisabeth. Cet événement lui causa
« le plus sensible plaisir. Jamais je n'oublierai
« la touchante simplicité avec laquelle elle me
« dit: *Enfin, voici donc mes vœux remplis! Tu
« es à moi. Qu'il m'est doux de penser que
« c'est un lien de plus entre nous, et d'espérer
« que rien ne pourra le rompre!* »

Madame Élisabeth était absolument étrangère aux intrigues de la cour; il n'en était même jamais question dans sa société, et lorsqu'elle paraissait à un cercle, si la conservation roulait sur quelques aventures galantes dont se nourrissait la malignité publique, on changeait naturellement de discours, persuadé qu'elle ne prenait aucune part à ceux-là. Plusieurs de ses dames, et elle avait inspiré ses sentiments délicats à toutes, n'apprirent qu'en pays étranger des anecdotes oubliées à Paris même avant la révolution.

S'intéressait-elle à quelqu'un, sa demande était toujours juste, et sa protection honorait celui qui en était l'objet; on savait qu'elle ne se serait jamais décidée à solliciter pour une personne qui n'en eût pas été digne ; mais, lorsqu'elle avait daigné se charger de présenter quelque réclamation, elle y apportait tout le zèle possible, et l'on pouvait avec confiance lui abandonner ses plus chers intérêts. Elle mettait tant de grâce et tant de respect à faire une demande à la reine ou au roi, qu'il était d'ailleurs presque impossible qu'on ne la lui accordât pas.

Les personnes qui lui étaient attachées et qu'elle avait honorées de son amitié, trouvaient surtout en elle un appui et des consolations dans la disgrâce ; elle ne les abandonnait jamais. Madame de Marsan s'étant trouvée comme entraînée avec la maison de Rohan dans l'inconcevable affaire du collier, que le voile du silence aurait dû couvrir à jamais, la princesse rendit des visites assidues à sa première institutrice, dont le souvenir était gravé dans son cœur.

Madame Élisabeth vivait avec les dames de son intimité comme elle aurait vécu avec ses sœurs. Elle n'était étrangère à rien de ce qui pouvait les intéresser. Elle s'informait avec sollicitude de tous les détails de leurs familles.

Ces soins assidus n'étaient point, de la part de Madame Élisabeth, un moyen de passer son temps, dont elle n'était jamais embarrassée : elle les regardait comme un devoir de l'amitié, et elle aurait eu mauvaise idée d'elle-même, si elle n'avait pas accompli ce devoir avec affection et empressement.

Madame la duchesse de Duras avait pour Madame Élisabeth un attrait particulier. La princesse avait un plaisir extrême à se trouver avec elle. Elle aimait l'élévation de son âme, la solidité de son jugement, l'agrément de son esprit. Elle la regardait avec raison comme une de ses amies les plus intimes, comme une de celles en qui elle pouvait le plus justement mettre toute sa confiance.

Madame Élisabeth, pleine de grâce et d'abandon quand elle était avec ses amies intimes, avait une grande réserve, quelquefois même un peu d'embarras, quand la plupart de ses dames étaient auprès d'elle. Elle craignait alors que ses regards ou ses discours ne pussent indiquer quelques marques de préférence. Cette gêne influait sur son maintien et sur sa conversation, surtout dans les premiers moments. C'était alors que sa grandeur lui était à charge, mais elle s'en dédommageait quand elle rentrait dans son intérieur.

Soumise aux volontés de son auguste frère, elle s'abstenait de juger les affaires du gouvernement, quoiqu'elle en fût bien capable, comme elle le prouva dans la suite. Elle se permit, au commencement de la révolution, quelques conseils dont la sagesse fait regretter qu'ils n'aient pas été suivis. Mais la reine, tout en rendant justice aux qualités de sa belle-sœur, voulait conserver l'empire qu'elle avait sur l'esprit du roi, et l'intrigue lui faisait entendre qu'il était dangereux que Madame Élisabeth le partageât. Du reste, le roi lui savait gré de son extrême réserve, et la reine, à qui dès son enfance on avait persuadé qu'elle devait s'immiscer dans les affaires de l'État, voyait avec plaisir cette circonspection qui lui garantissait son pouvoir. Madame Élisabeth portait ses soins jusqu'à se dérober, autant qu'elle le pouvait, aux regards et aux acclamations du public. Sa solitude lui était plus chère que le tourbillon du grand monde, et lorsque, sollicitée par la reine de venir passer quelques jours à Trianon, elle cédait avec soumission à ses désirs, elle ne se prêtait que difficilement à une vie bruyante qui ne convenait nullement à son caractère, et regrettait en secret le calme et la tranquillité qu'elle ne trouvait que dans l'intimité. Toutefois, elle ne se permettait aucune observation sur les plaisirs qu'elle ne partageait pas. A Trianon même, elle savait trouver le moyen de se retirer dans son appartement, pour s'y livrer à de fréquentes lectures. Une conduite aussi exemplaire lui mérita le blâme de quelques courtisans et l'admiration de la France. Les États du Languedoc lui adressèrent une députation, à la tête de laquelle se trouvait M. l'évêque d'Alais. Ce prélat tint à Madame Élisabeth le discours suivant, qui sera toujours regardé comme un modèle de goût, et qui, dans le temps, fut apprécié comme un monument de l'opinion publique :

« Madame, si la vertu descendait du ciel sur

« la terre; si elle se montrait jalouse d'assurer
« son empire sur tous les cœurs, elle emprun-
« terait sans doute tous les traits qui pourraient
« lui concilier le respect et l'amour des mor-
« tels. Son nom annoncerait l'éclat de son
« origine et ses augustes destinées ; elle se
« placerait sur les degrés du trône; elle porte-
« rait sur son front l'innocence et la candeur
« de son âme; la douce et tendre sensibilité
« serait peinte dans ses regards; les grâces
« touchantes de son jeune âge prêteraient un
« nouveau charme à ses actions et à ses dis-
« cours; ses jours, purs et sereins comme son
« cœur, s'écouleraient au sein du calme et de
« la paix que la vertu seule peut promettre et
« donner. Indifférente aux honneurs et aux
« plaisirs qui environnent les enfants des rois,
« elle en connaîtrait toute la vanité; elle n'y
« placerait pas son bonheur; elle en trouverait
« un plus réel dans les discours et les conso-
« lations de l'amitié; elle épurerait au feu sacré
« de la religion ce que tant de qualités pré-
« cieuses auraient pu conserver de profane ;
« sa seule ambition serait de rendre son crédit

« utile à l'indigence et au malheur ; sa seule
« inquiétude, de ne pouvoir dérober le secret
« de sa vie à l'admiration publique, et dans le
« moment même où sa modestie ne lui permet
« pas de fixer ses regards sur sa propre ima-
« ge, elle ajoute, sans le savoir, un nouveau
« trait de ressemblance entre le tableau et le
« modèle. »

Cet éloge de M. l'évêque d'Alais n'avait rien d'exagéré; Madame Élisabeth était, en effet, l'image vivante de la vertu. Fidèle au plan qu'elle avait adopté, elle ne s'en écarta jamais un seul instant. Toutefois, son goût prononcé pour vivre loin de la cour, ne lui faisait point négliger ses devoirs de princesse du sang : elle paraissait au sein de sa famille, au pied du trône de son vertueux frère, soutenant noblement l'éclat de sa naissance, et elle se serait reproché d'avoir évité quelque repré- sentation où son absence eût affligé le roi, qui trouvait à la voir un bonheur qu'elle parta- geait bien sincèrement. Mais sa belle âme se retrempait en quelque sorte alors que, s'éloi- gnant de la cour, elle reprenait ses habitudes

chrétiennes. Elle visitait avec une sorte d'attendrissement et de vénération les asiles religieux; c'était pour elle un beau jour que celui où elle pouvait passer à Saint-Denis quelques instants auprès de Madame Louise, sa tante; mais la règle rigoureuse des Carmélites ne lui permettait pas de renouveler ce bonheur aussi souvent qu'elle l'aurait désiré. « Je ne de-
« mande pas mieux, lui disait le roi, que vous
« alliez voir votre tante, à condition que vous
« ne l'imiterez pas en me quittant : car, Éli-
« sabeth, j'ai besoin de vous. »

J'ai besoin de vous! Comme on sent que ces paroles partent du cœur! Saint-Cyr était aussi l'objet des fréquentes visites de la princesse; elle se plaisait à y admirer les intéressantes élèves qui croissaient vertueuses au sein de cette respectable maison, sans songer qu'elle y servait elle-même d'exemple à la vertu naissante.

Une circonstance l'attacha davantage à la cour : ce fut d'abord la naissance de Madame Royale, et plus tard, celle du dauphin et du duc de Normandie. Elle prodigua les soins les plus tendres à ces augustes rejetons de son excellent frère et du meilleur des rois. Quel spectacle attendrissant s'offrait à la foule des courtisans, forcés à l'admiration, lorsque ces enfants du sang royal se jouaient sur les genoux d'une jeune princesse dont l'admirable conduite et les qualités précieuses formaient la censure muette, mais expressive, des mœurs de son siècle! Dès son enfance, Madame Royale, depuis Madame la duchesse d'Angoulême, s'habitua à causer avec Madame Élisabeth, qui lui avait inspiré naturellement l'amour le plus délicat, cet amour qui, sans aucun calcul, s'allume dans une jeune âme n'obéissant qu'à l'aimable candeur. Madame Élisabeth saisit avec empressement cette douce inclination de sa nièce, pour orner à la fois son esprit et son cœur par des leçons proportionnées à son âge, et l'on peut dire que, depuis, l'illustre élève a bien justifié les espérances et la sollicitude toute maternelle de son infortunée et sublime institutrice. L'éducation de Madame Royale fut confiée à Madame la vicomtesse d'Aumale; mais Madame Élisabeth ne cessa de suivre les progrès de sa nièce, et ne passa pas un jour sans la presser contre son cœur. Aussi leur amitié s'accrut et se fortifia à un point que rien ne put la diminuer, quelque chose que l'on fît pour y parvenir : telle est la force de la vertu, que les nœuds qu'elle serre, sont indissolubles.

Madame Élisabeth n'ayant point encore de campagne à elle, le roi lui avait acheté, en 1781, une maison à Montreuil, ce qui avait favorisé parfaitement son goût pour la retraite. Madame Élisabeth témoigna toute sa reconnaissance à son frère ; mais son cœur ne put se défendre d'un sentiment douloureux en entrant dans cette maison, qui avait appartenu à l'une de ses institutrices, Madame de Guémené, que des malheurs avaient forcée à la vendre. Le premier usage qu'elle fit de sa nouvelle propriété, fut d'en détacher une petite maison qu'elle offrit à Madame de Mackau, son ancienne institutrice : elle se trouva heureuse de partager ainsi avec l'amie de son enfance, que le temps ne lui avait pas rendue moins chère.

Avec Madame Élisabeth, le bonheur se trouva dans Montreuil et dans les environs. Dans le dessein généreux d'être utile, elle se fit aussitôt instruire des noms, de la situation et de l'état des familles de paysans, et donna ensuite toute la latitude possible à ses sentiments d'une bienfaisante charité. Le lait de sa basse-cour fut destiné aux enfants privés de leur mère; elle voulut elle-même présider à la distribution, et lorsqu'elle ne pouvait s'y rendre, elle en chargeait quelqu'un qui avait toute sa confiance. Elle donna l'ordre qu'on vînt la prévenir aussitôt qu'un enfant serait malade, et sur-le-champ elle envoyait un médecin, de l'argent, ainsi que tout ce que la circonstance pouvait nécessiter. Elle suivait les progrès de la maladie, de la convalescence, et témoignait ouvertement sa joie lorsque l'état du malade devenait satisfaisant. Un habitant, occupé au jardin de la princesse, est un jour, pendant son travail, atteint d'une douleur qui menace ses jours. Elle le fait reconduire chez lui, l'accompagne elle-même, et fait administrer aussitôt l'infortuné prêt à quitter la vie.

« — Madame donne ici un grand exemple, » dit en sortant le curé à Madame Élisabeth.

« — Monsieur, répondit-elle, j'en reçois un « bien plus grand, et que je n'oublierai jamais. »

Elle distribuait presque entièrement sa pension aux pauvres ; il eût semblé qu'elle n'en avait que l'administration. Pendant l'hiver rigoureux de 1789, elle multiplia tellement ses bienfaits, que, son revenu ne suffisant pas, elle fit des dettes pour venir au secours des malheureux. L'état de ses dépenses n'offrait pour ainsi dire que celui de ses charités. Sa femme de chambre était dépositaire de sa pension, et tous les mois en établissait le compte. Il arrivait souvent qu'elle avait été obligée d'avancer sur le mois suivant, pour satisfaire aux demandes de la princesse, ou plutôt aux besoins des infortunés qu'elle se faisait un devoir de soulager. Plusieurs fois elle refusa d'acheter des objets de parure en disant : « Nous soutiendrons quelques malheu-« reux de plus avec ce que cela me coûterait. » Un marchand vint un jour lui offrir un ornement de cheminée, fait dans un goût nouveau;

le prix était de quatre cents francs; mais on n'exigeait point d'argent comptant. La princesse refusa. « Avec quatre cents francs, dit-« elle, je puis monter deux petits ménages. »

La maison intérieure de Madame Élisabeth offrait l'intéressant tableau d'une bonne maison bourgeoise; la piété, l'ordre et l'économie y régnaient sans contrainte. Elle habitait Montreuil pendant presque toute la belle saison. Elle ne manquait pas un jour d'aller à la messe; des heures étaient fixées pour le travail, pour la lecture, pour les délassements. La princesse dînait avec ses dames; le soir, la prière se faisait en commun, et l'on terminait chaque jour par une conversation amicale, dans laquelle on rappelait, non pas le bien qu'on avait fait, mais celui qui restait à faire. Le fait suivant, dont le résultat est connu, mais dont les détails ont été altérés, doit trouver aussi sa place; il prouve la vive sollicitude de Madame Élisabeth pour tous ceux qui l'entouraient :

« Madame Élisabeth, désirant avoir, pour
« soigner ses vaches, un vacher suisse, char-

« gea Madame de Raigecour de prier Madame
« Diesbach de lui procurer, de Fribourg, un
« bon sujet; elle voulait surtout que sa fidélité
« fût à toute épreuve, car elle était avare de
« son lait, parce que le premier emploi qu'elle
« en faisait, était de le distribuer aux enfants
« des pauvres paysans de Montreuil, et l'idée
« que ces infortunés ne manqueraient pas
« de la nourriture qui leur était propre, lui
« faisait trouver délicieux le superflu qui lui
« restait.

« Le bon JACQUES (c'était le nom du vacher
« suisse), fidèle observateur des intentions de
« sa maîtresse, touché de sa bienfaisance,
« mettait le plus grand zèle à suivre ses ordres,
« et me disait souvent : Ah! Madame, quelle
« bonne princesse! Non, la Suisse entière ne
« contient rien d'aussi parfait. La franchise,
« la droiture de ce brave homme avaient si
« fort intéressé Madame Élisabeth, qu'elle dé-
« sira savoir, par Madame Diesbach, si ce bon
« Suisse était content près d'elle, et ne regret-
« tait pas sa patrie. Jacques, interrogé par
« Madame Diesbach, lui avoua qu'une seule

« chose troublait son bonheur ; qu'il avait
« laissé en Suisse une bonne fille qu'il était
« sur le point d'épouser, lorsqu'on l'avait fait
« venir en France ; qu'elle avait un grand
« chagrin de son absence, et craignait qu'il
« ne l'oubliât. Madame Élisabeth, informée de
« ces détails par Madame Diesbach, la chargea
« d'écrire à cette fille que, si elle voulait venir
« rejoindre Jacques, Madame Élisabeth lui
« permettrait de l'épouser, et la ferait sa lai-
« tière. On peut juger de la joie de la fille et
« du bon Jacques, en apprenant les bontés de
« Madame Élisabeth. Ce fut à cette occasion
« que Madame de Cravannet composa l'air de
« *Pauvre Jacques*, qui depuis a été si répan-
« du. Jacques et sa femme conservèrent à
« Madame Élisabeth, jusqu'à ses derniers mo-
« ments, l'attachement le plus touchant. La
« femme fut en conséquence mise en prison.
« Jacques trouva le moyen de fuir et de re-
« tourner à Fribourg ; mais il rentra en France
« pour tâcher d'arracher sa femme à la mort.
« Son courage fut couronné du succès ; il
« obtint son élargissement, et la ramena avec

« lui à Fribourg, où l'un et l'autre pleurent
« journellement leur protectrice. »

(Note de Madame de Bombelles, communiquée en 1795 à M. Ferrand.)

Cependant l'orage commençait à gronder au sein de la France ; la vie tranquille et édifiante de Madame Élisabeth allait être troublée par le délire bruyant et coupable d'une foule de démagogues, ennemis de tous les principes. Les malheurs de sa famille, qui devenaient nécessairement les siens, lui ouvrirent alors une nouvelle carrière, dans laquelle, en déployant un courage et une constance au-dessus de son sexe, elle acquit une gloire impérissable.

Douée d'un jugement sain et profond, elle prévit les conséquences des premiers troubles qui s'étaient élevés en 1788. Le caractère de son auguste frère lui était connu ; elle savait que sa bonté pouvait lui être funeste : « Je
« vois mille choses, écrivait-elle à cette époque,
« dont il ne se doute pas, parce que son âme
« est si belle que l'intrigue y est étrangère.....
« Le roi revient sur ses pas, comme faisait

« notre aïeul... Il craint toujours de se trom-
« per; le premier mouvement passé, il n'est
« plus tourmenté que par la crainte d'avoir
« fait une injustice. » Elle craignait avec
raison que cette réserve dans son frère ne
fût la source de grands malheurs, et ses
craintes n'étaient malheureusement que trop
bien fondées.

« Il me semble, disait-elle encore, qu'il en
« est du gouvernement comme de l'éducation :
« il ne faut jamais dire *je le veux*, que lors-
« qu'on est sûr d'avoir raison; mais, lorsqu'on
« l'a dit, on ne doit jamais se relâcher de ce
« qu'on a prescrit. »

A la justesse de ses raisonnements, elle
joignait un coup-d'œil sûr qui lui fit entre-
voir, dès le mois de juillet 1789, la marche
que devait prendre la révolution, et ses résul-
tats. Il eût été à souhaiter qu'alors on suivît
ses conseils. La bonté de son cœur n'étouffait
point en elle cette sévérité si nécessaire dans
de grandes occasions; elle voyait dans l'avenir sinistre tous les crimes qu'allait enfanter
le renversement des bases fondamentales de

la monarchie, et pour prévenir le meurtre d'une foule innombrable de victimes, elle ne se dissimulait point la nécessité d'une mesure en apparence violente, mais que le salut de l'État et du trône réclamait impérieusement. Après la journée du 14 juillet 1789, elle dit à Madame de Bombelles : « Les députés, victi-
« mes de leurs passions, de leur faiblesse ou
« de la séduction, courent à leur ruine, à celle
« du trône et de tout le royaume. Si dans ce
« moment-ci le roi n'a pas la sévérité néces-
« saire pour faire couper au moins trois têtes,
« tout est perdu. »

On ne l'écouta point, et les conseils insidieux d'hommes qui n'envisageaient que leur intérêt personnel, prévalurent sur les conseils sages et fermes d'un esprit profond et éclairé. Toutefois, Madame Élisabeth, convaincue que ce bouleversement devait entraîner les malheurs de sa famille, ne l'abandonna point; ne pouvant éviter les maux prêts à fondre sur elle, cette princesse voulut les partager, et se contenta d'inspirer son courage dans l'infortune à ceux qui ne pouvaient plus profiter de ses avis. Elle résolut de ne point abandonner le roi, prête à se sacrifier pour lui. Le premier chagrin qu'elle éprouva, fut de se voir séparer de M. le comte d'Artois, qu'elle chérissait, et qui, par ordre du roi, s'éloignait de la France avec ses deux fils, pour se soustraire aux poignards des factieux. Aussitôt qu'elle le sut en sûreté, elle en rendit grâces à l'Éternel, et s'occupa de prodiguer au roi et à la reine les plus tendres consolations. De temps en temps, elle renouvelait ses instances auprès de son frère, afin qu'il prît un parti capable de conserver au trône, à sa personne sacrée et à sa famille, la force et la dignité que lui faisait perdre son trop de condescendance envers des sujets qui semblaient avoir abjuré tout respect pour la majesté royale. Elle eût voulu que le roi se mît à la tête de son armée ; elle lui promettait de monter à cheval et de ne point l'abandonner ; mais ce fut en vain : l'intrigue et la perfidie s'étaient emparées de l'esprit du monarque, qui eût craint de déplaire à son peuple en punissant quelques rebelles.

Cette mission, que le ciel avait donnée à Madame Élisabeth, pour remplir au sein d'une famille adorée les obligations de sœur, de sujette et d'amie, elle s'en acquittait avec une constance évangélique, et alors qu'elle avait échoué dans ses tendres sollicitudes, elle gémissait en secret et faisait des vœux pour que la volonté divine daignât à son tour se faire entendre.

Madame Élisabeth était à sa maison de Montreuil, lorsque ces cannibales, qui se croyaient appelés à la restauration des droits de la nation, se préparèrent à aller chez le roi. Aussitôt qu'elle l'apprit, elle se rendit à Versailles, pour sauver la vie à son frère ou mourir avec lui. Ce fut alors qu'elle pressa de nouveau ses augustes parents de prendre un parti. Ils parurent un instant l'écouter; elle se félicitait déjà de ses conseils, dont le résultat était infaillible, lorsque la faiblesse triompha de son dévouement. Elle eut du moins, dans cette affreuse journée, la consolation de sauver plusieurs gardes-du-corps de la fureur des assassins.

Cependant le départ de la famille royale pour Paris était arrêté. Madame Élisabeth s'y était vainement opposée. Elle éprouva une vive satisfaction quand, pendant le voyage, elle entendit les acclamations du peuple, qui, à plusieurs reprises, saluèrent le prince, la reine et leurs enfants. « Il faut convenir,
« écrivit-elle à cette occasion à Madame de
« Bombelles, que notre nation a des moments
« charmants. Les cris de *Vive le roi*, *Vive la*
« *reine*, n'ont pas cessé; les grenadiers en
« avaient la gorge arrachée : dans ce moment
« le cœur était bien de la partie. Je ne puis
« vous rendre le plaisir que j'ai éprouvé. Le
« sang français est toujours le même: on lui
« a donné une dose d'opium bien forte; mais
« elle n'a pas attaqué le fond de leur cœur, et
« l'on aura beau faire, il ne changera jamais. »

La cour se trouvant fixée à Paris, Madame Élisabeth ne quitta plus le roi et la reine ; elle les entoura des soins les plus constants. Jetée pour ainsi dire au milieu de cette foule de révolutionnaires sans principes, elle opposa à leurs sarcasmes, à leurs plaisanteries mêlées d'impudence et d'impiété, la fierté de son maintien et l'ascendant de sa vertu. Son regard seul, lorsqu'elle traversait les salles des gardes, aux Tuileries, pour aller à la chapelle, semblait faire rentrer en eux-mêmes ces hommes qui avaient déchiré le voile de la pudeur et de la délicatesse, ou du moins leur imposait-il silence.

Elle voyait avec douleur que l'on travaillait à la perte de la religion, et cet outrage à la divinité lui paraissait le signe de la colère céleste. « Il faudra bien, disait-elle, se sou-
« mettre et attendre avec résignation la puni-
« tion que le ciel nous réserve, car il ne
« permettra pas que cela reste sans vengean-
« ce. » Mais sa confiance en Dieu ranimait son esprit; elle se plaisait à croire que le ciel ne permettrait pas que la foi fût anéantie en France. « Il a préservé ma famille de tant de
« maux, que je serais ingrate si je ne mettais
« toute ma confiance en lui; j'espère beaucoup
« en la bonté de Dieu. »

Elle s'opposa de toute la force de son amitié à ce que le roi se rendît au milieu de ceux mêmes qui le tenaient captif dans son château des Tuileries. Elle considérait cette démarche comme un attentat à la majesté royale; mais l'avis de Necker prévalut, et Louis XVI parut à l'Assemblée, le 4 février 1790, pour y recevoir une humiliation que coloraient les plus grossiers éloges.

Le ministre orgueilleux avait fait espérer à son maître que l'on accorderait à sa prière le pouvoir nécessaire pour remédier aux désordres publics, et l'Assemblée ne permit pas même qu'on délibérât en sa présence sur l'objet de sa demande. « Depuis que le roi a
« fait cette démarche, qui le met, dit-on, à la
« tête de la révolution, et qui, à mon gré, lui
« enlève le peu de couronne qu'il avait enco-
« re, l'Assemblée n'a pas imaginé de faire
« rien pour lui... Les folies se suivent, et le
« bien n'en résultera certes pas. » Ce raisonnement de Madame Élisabeth prouve combien elle avait le tact sûr en matière de gouvernement. Les circonstances ne lui paraissaient pas encore désespérées; mais elle ne pouvait s'empêcher de censurer la conduite que l'on

tenait alors, qui devait nécessairement priver de tout remède. « Si nous avions su profiter « du moment, disait-elle, croyez que nous « aurions fait beaucoup de bien ; mais il fallait « avoir de la fermeté, il fallait affronter « les dangers : nous en serions sortis vain- « queurs. »

Son âme héroïque, son intrépidité chrétienne, la sainte indignation qui animait son cœur vraiment royal, ne lui permettaient de voir d'autre moyen de salut que dans de grandes ressources condamnées par des esprits faibles et timides. L'exemple du roi-prophète combattant un peuple révolté était sans cesse présent à sa pensée.

« Je regarde la guerre civile comme néces- « saire, écrivait-elle encore à Madame de « Bombelles. Premièrement, je crois qu'elle « existe, parce que, toutes les fois que le parti « le plus faible n'obtient la vie sauve qu'en se « laissant dépouiller, il m'est impossible de ne « pas appeler cela une guerre civile. De plus, « l'anarchie ne pourra jamais finir sans cela. « Plus on retardera, plus il y aura de sang

« répandu. Voilà mon principe ; si j'étais roi,
« il serait mon guide. »

Madame Élisabeth possédait le talent rare, dans son sexe surtout, de bien juger les temps, les hommes et les choses ; elle ne pouvait déplaire à la Divinité en appelant le courroux céleste sur quelques séditieux dont le sacrifice eût épargné des milliers de victimes. Elle ne réclamait du ciel que « la punition des perfi-
« des qui trompaient le peuple, le roi et tous
« ceux qui, par la droiture de leur caractère,
« ne pouvaient se résoudre à voir le mal tel
« qu'il était...... La force étant dans les mains
« des méchants, que peuvent faire les bons,
« sinon gémir ?... Les gens qui veulent le mal,
« ont tant de force, ceux qui veulent le bien
« sont si faibles, qu'on ne peut pas se flatter
« que ce dernier parti ne soit toujours subju-
« gué. »

Cependant elle insistait toujours auprès de son auguste frère pour que, trompant ses cruels gardiens, il se retirât dans une province d'où il pût librement faire entendre la voix de la raison à une Assemblée dont les discussions indiquaient le désordre des idées; mais le roi, craignant sans cesse de faire quelque chose qui fût contraire aux intérêts de son peuple, restait dans la plus pénible incertitude, et, par excès de bonté, trompait les plus chères espérances de tous ceux qui lui étaient sincèrement attachés.

Madame Élisabeth eut encore à joindre à toutes ses douleurs celle que lui causa l'absence de deux de ses amies, Madame de Bombelles et Madame de Raigecour, que des circonstances impérieuses éloignèrent d'elle. Cette séparation fut cruelle pour son cœur; il fallut dire un adieu qu'un pressentime. secret lui faisait croire éternel. L'âme de ses vertueuses amies fut déchirée: « Ce moment, dit « depuis l'une d'elles, ce moment, si j'avais pu « le prévoir, eût été le dernier de ma vie; je « serais morte à ses pieds. »

La tendresse de Louis XVI exigea que Mesdames ses tantes s'éloignassent aussi d'un pays où tout ce qui était attaché au vertueux monarque, semblait devoir partager le sort qui lui était réservé. Ce départ porta de nouveau le chagrin dans le cœur de Madame Élisabeth. Toutefois elle se permit, pour la première fois, de désobéir aux tendres volontés de son frère, qui lui demandait d'une manière pressante qu'elle accompagnât ses tantes. Cette princesse héroïque, sujette dévouée à son roi, se refusa à ses généreuses sollicitations: « La mort seule, dit-elle à Louis XVI, « me séparera de vous. » Cependant le roi se décide à partir ; Madame Élisabeth est à ses côtés. Louis XVI devai s'arrêter à Montmédy, faire venir auprès de sa personne des régiments fidèles, et de là communiquer à l'Assemblée des propositions qui auraient conduit à un plan sage et praticable. Mais, arrêté à Varennes, il ne put exécuter ce qui indubitablement aurait sauvé la famille royale et la France. Deux mois après son arrestation, l'Assemblée aurait bien voulu le replacer à Montmédy : déjà elle ne pouvait supporter le poids du pouvoir qu'elle avait usurpé.

Les illustres fugitifs rentrent dans la capitale, traversant une triple haie d'hommes que venait d'exalter leur conquête, et qui semblaient considérer leurs maîtres comme des captifs. Madame Élisabeth, calme dans les revers, ne craignant rien pour elle, étendait une prévoyance active sur ses augustes parents. Elle cherchait à dissimuler à son frère et à la reine les cris de fureur dont ils étaient assaillis ; elle redoutait surtout l'impression que cette scène de désastre pouvait faire sur les organes encore faibles du jeune dauphin ; enfin, elle aurait voulu partager les périls de tous.

L'année 1792 commença, et Madame Élisabeth ne put se dissimuler qu'elle serait marquée par les plus sanglantes catastrophes. Un vrai triomphe pour elle fut la journée effroyable du 20 juin, où Santerre, avec le ramas des sociétés populaires et des faubourgs, osa traîner une pièce de canon jusque dans les appartements du souverain, pour en briser les portes. La princesse fut presque toujours à côté de son frère, l'entretenant avec feu pour l'empêcher d'entendre les injures qu'on lui prodiguait, et le protégeant de son corps contre les baïonnettes. Ce n'était point à sa

personne qu'on en voulait ; cependant elle fut sur le point d'être la victime de son dévouement. Quelques-uns des cannibales la prirent pour la reine, et crièrent, dans le langage cynique du Père Duchesne : « Voilà l'Autri-
« chienne ! Il faut l'égorger. » Quelques gardes-du-corps s'empressèrent de désabuser ces furieux en la nommant : « Eh ! pourquoi, dit
« l'héroïne, ne pas leur avoir laissé croire que
« j'étais la reine ? vous auriez peut-être épar-
« gné un grand crime. » Le mot est sublime, et il dut le paraître d'autant plus, que l'intrigue était parvenue à faire croire qu'il y avait de la mésintelligence entre les deux princesses. Un de ces forcenés affecta de s'approcher de Louis XVI, en faisant faire un mouvement à sa pique. Le roi s'en aperçoit, et ne daigne pas s'en garantir en changeant de place. Madame Élisabeth, qui ne frémit que pour son frère, s'adresse au rebelle, et lui dit d'un ton de voix capable d'attendrir un tigre, mais noble cependant : « Monsieur, vous pour-
« riez blesser quelqu'un, et vous en seriez
« fâché. »

Le 10 août fut enfin consommé, et bientôt Madame Élisabeth, enfermée au Temple avec sa famille, va mettre plus que jamais à profit ces grandes leçons que donnent la religion et l'histoire. Elle a appris à souffrir : elle va, par l'exemple de sa résignation, de son courage, de sa constance, par les plus douces consolations, diminuer le poids de ses chaînes, et rendre moins affreuse la captivité de ses parents.

A peine dans sa prison, elle donna des larmes aux serviteurs fidèles qui, dans la journée du 10 août, avaient versé leur sang pour la cause royale. Elle dévoua son âme à Dieu, et puisa de nouvelles forces dans la prière et dans le recueillement. L'aspect de la tour du Temple fit peu d'impression sur elle, parce qu'elle était avec son frère et sa famille, et que les tyrans n'ôtent rien à leurs victimes quand ils leur laissent les jouissances de l'amitié.

Par un raffinement de cruauté, le jour de saint Louis, jour consacré pour tout bon Français à célébrer la fête de son roi, on affecta, dès sept heures du matin, et à plusieurs reprises, de chanter autour de la prison les airs fameux des *Marseillais* et de *Ça-ira*, et chaque refrain fut suivi de cris barbares et injurieux qui venaient frapper les oreilles des illustres captifs. On eut encore la cruelle attention de les informer des journées du 2 et du 3 septembre, et de tous les massacres et assassinats qui désolaient alors la France. Les gardiens prenaient un affreux plaisir à s'entretenir de ces horreurs devant leurs prisonniers, manifestant les plus vifs regrets de n'y avoir point participé.

Mais, peu après, toutes sortes de communications furent interdites, et les nobles victimes durent renoncer à correspondre avec leurs amis et leurs parents. Madame Élisabeth ne reçut au Temple qu'une seule lettre : elle était de Mademoiselle Adélaïde, et datée de Rome. Les visites les plus sévères étaient souvent renouvelées et toujours accompagnées des vexations, des outrages, de la brutalité qui étaient les qualités distinctives de ceux qui se décoraient alors du titre de citoyens. Le gardien principal du Temple semblait encore exciter ses satellites à se montrer plus cruels dans leurs exécrables fonctions. C'était ce même homme (son nom est Richer) qui, le 20 juin, après avoir forcé les appartements du roi, avait été sur le point de l'assassiner. Il avait un répertoire de chansons obscènes ou sanguinaires, qu'il chantait surtout quand on allait dîner ou souper, parce qu'il fallait passer par sa chambre. Madame Élisabeth le reconnut... Quel souvenir !

Parmi cette horde de satellites qui venait garder et observer la famille royale, il n'était guère possible d'espérer de rencontrer un être compatissant. Les méchants étaient en plus grand nombre, et les bons se trouvaient enchaînés par la crainte ; il s'en trouva cependant. Nous citerons ce jeune garde national qui ne peut retenir ses larmes en voyant le tableau déchirant de toutes les vertus opprimées. C'est en vain qu'il veut cacher ses pleurs : les âmes sensibles se devinent aisément. Madame Élisabeth s'aperçoit de son trouble, le regarde avec plus d'attention, et l'estimable jeune homme se trouve heureux d'épancher son cœur. La princesse apprit de lui plusieurs nouvelles et les projets de la Convention.

Les tyrans virent avec peine que cette intéressante famille trouvait quelques consolations dans l'amitié qui l'unissait étroitement. Ils résolurent, pour accroître leur infâme persécution, d'en séparer le chef. C'était porter un coup terrible à Madame Élisabeth, dont l'existence était en quelque sorte attachée à celle de son frère.

On changea le roi de logement, et ce ne fut plus que pendant les repas que sa famille put le voir; encore leur était-il expressément ordonné de parler haut, en présence des municipaux. L'un d'eux s'emporta violemment un jour contre Madame Élisabeth, qui n'opposa que la plus grande douceur à toutes ses duretés. Il prétendit qu'elle avait parlé bas à son frère. Leurs regards étaient épiés, interprétés autant que leurs paroles. Cette contrainte était bien cruelle, sans doute; elle était même un supplice; mais un chagrin plus violent encore vint déchirer le cœur de Madame Élisabeth, aussitôt que le procès du roi fut commencé : dès-lors, il fallut cesser tout-à-fait de se voir, et s'estimer heureux lorsque les municipaux voulaient bien donner quelques nouvelles du monarque infortuné. Pendant ce procès mémorable, Madame Élisabeth, en proie aux inquiétudes les plus déchirantes, trouva un municipal qui n'était point entièrement dénué de sensibilité ; il tâcha de la consoler, en lui faisant espérer que le jugement serait déféré aux assemblées primaires. Ce moyen aurait infailliblement sauvé le roi ; mais ses ennemis se gardèrent bien de l'employer ; ils étaient trop bien décidés à consommer leur crime. Et, sentiment de bonté admirable mais extrême, le bon roi même redoutait l'appel au peuple, persuadé que la juste cause serait défendue par le plus grand nombre, et craignant qu'il n'en résultât une guerre civile.

Quel affreux moment pour Louis XVI que celui où il apprit, en rentrant au Temple, que la Commune avait arrêté « qu'il ne commu-

« niquerait plus avec sa famille ; que le valet-
« de-chambre qu'on lui permettait d'avoir
« auprès de lui, n'aurait de relations avec per-
« sonne ; que les conseils que la Convention
« pourrait lui donner n'auraient de commu-
« nication qu'avec lui, et toujours en présence
« des officiers municipaux, et que, en consé-
« quence, le valet-de-chambre se retirerait
« aussitôt qu'ils seraient introduits, attendu
« la complicité présumée de toute la famille! »
Cléry, ce fidèle valet-de-chambre, instruit de
l'arrêté de la Commune avant le retour du roi,
en informa Madame Élisabeth. « Nous nous
« attendons à tout, répondit la princesse, et
« nous ne nous faisons aucune illusion sur le
« sort qu'on prépare au roi. Il mourra victime
« de sa bonté et de son amour pour son
« peuple, au bonheur duquel il n'a cessé de
« travailler depuis son avènement au trône.
« Qu'il est cruellement trompé, ce peuple ! La
« religion du roi et sa grande confiance dans
« la Providence le soutiendront dans cette
« cruelle adversité. Enfin, Cléry, dit-elle les
« yeux remplis de larmes, vous allez rester

« seul près de mon frère ; redoublez de soins
« pour lui, s'il est possible, et ne négligez
« aucun moyen de nous faire parvenir de ses
« nouvelles... Avez-vous entendu parler de la
« reine? ajouta cette vertueuse princesse avec
« l'accent de l'inquiétude et de la terreur ;
« hélas! que pourrait-on lui reprocher? —
« Mais que peut-on reprocher au roi? répon-
« dit Cléry. — Oh! rien, non, non, rien; mais
« peut-être regardent-ils le roi comme une
« victime nécessaire à leur sûreté. La reine
« et ses enfants ne seraient pas un obstacle à
« leur ambition... » La sollicitude de Madame
Élisabeth, aussi ingénieuse que tendre, lui
suggéra l'idée de laisser un de ses mouchoirs
à Cléry, et de convenir avec lui qu'il le garde-
rait tant que le roi se porterait bien, et qu'il
le renverrait plié de telle ou telle manière,
suivant le genre de maladie dont Sa Majesté
serait attaquée.

Cependant Madame Élisabeth voyait son
espoir trompé, et l'appareil des supplices était
toujours présent à sa pensée. Chaque matin,
des crieurs publics venaient hurler autour de

sa prison, et semblaient applaudir aux nouvelles désespérantes qui annonçaient que le terme du procès approchait. Mais, toujours attachée à ce que la religion a de plus pur, toujours résignée, elle jouissait encore de ce calme d'une belle âme qui souffre pour les autres, mais jamais pour soi, pénétrée de son immortalité. N'était-elle pas la consolatrice de ses parents infortunés ? C'était elle dont le courage doux, mais inébranlable, soutenait le leur au milieu de ces longues épreuves faites pour abattre la vertu la plus ferme...

Grand Dieu ! pourquoi faut-il le répéter !... Le meilleur des princes, l'héritier de soixante-six rois, quitte sans retour le premier trône de la terre, et, glorieux martyr, est traîné sur un échafaud!...... Louis XVI n'est plus parmi vous, hommes coupables..... Il est avec les immortels. Louis XVI quitte ce monde ; il confie à Madame Élisabeth le soin de consoler, de soutenir la reine et ses enfants, et Madame Élisabeth, qui ne tient plus à la terre que par la douleur, aura le courage de vivre, puisqu'il lui reste encore à donner des soins à la reine et à ses enfants. Dieu lui dit de ne pas succomber: c'est la voix de Dieu seule qu'elle écoute.

Peu de temps après la mort du roi, Madame tomba malade; le dauphin fit aussi une maladie. On ne peut exprimer le dévouement, les attentions multipliées, la tendresse que Madame Élisabeth apporta à soigner ces illustres infortunés; elle remplit les fonctions de la garde la plus active, comme si elle eût été habituée dès sa plus tendre jeunesse à ce pénible ministère.

La mort du roi avait semblé ralentir la sévérité ordinaire envers les prisonniers; mais, lorsque Dumourier eut quitté la France, on redoubla les vexations, la tyrannie. On éleva un mur dans le jardin; on plaça des jalousies à toutes les fenêtres, et l'on boucha jusqu'aux fentes qui se trouvaient aux portes et aux cloisons. Des recherches minutieuses, des visites se multiplièrent dans toutes les chambres. Un jour, on trouva dans celle de Madame Élisabeth un chapeau; il fut considéré comme une chose suspecte, et l'on demanda à Madame Élisabeth à qui il appartenait;

c'était à son frère. Elle répondit qu'elle le gardait comme lui ayant appartenu, et qu'elle espérait qu'on ne le lui ôterait pas. Impossible : c'eût été accorder un trop grand bonheur. On dressa un procès-verbal, que Madame Élisabeth signa sans murmurer.

Sous une apparente pitié, on avait accordé aux prisonniers quelqu'un pour les servir, mais bien plutôt pour les épier. C'étaient Tison et sa femme, bien dignes d'un tel emploi. Ils ne laissaient échapper aucune occasion d'accompagner leur service des traitements les plus durs et les plus outrageants. Possédés par le démon du mal, ils imaginèrent un jour de faire une déclaration contre la reine et Madame Élisabeth, qu'ils accusèrent d'avoir corrompu des municipaux, pour correspondre au-dehors. Le lendemain, 20 avril 1793, Hébert vint exécuter une visite rigoureuse, qu'il prolongea jusqu'à quatre heures du matin. Le jeune prince était endormi, il exigea qu'on le fit sortir de son lit pour laisser visiter les matelas. Le résultat des recherches fut un bâton de cire à cacheter trouvé dans les poches de Madame Élisabeth. — Ces misérables calomniateurs parurent se rappeler qu'ils tenaient en quelque chose à l'humanité. Tison affecta de la soumission et du repentir; sa femme eut horreur de sa conduite, et les remords aliénèrent son esprit. Elle se jeta aux genoux de la reine et de Madame Élisabeth, et les conjura de lui pardonner ses crimes. A travers la folie qui véritablement avait compromis son cerveau, le repentir paraissant sincère, les généreuses captives oublièrent le mal qui leur avait été fait, et accordèrent une grâce qui devait remettre dans la bonne voie une âme égarée. Elles donnèrent même leurs soins charitables à cette femme, qui tomba malade, et resta quelque temps au Temple, avant d'être transportée à l'Hôtel-Dieu.

Le 3 juillet 1793 fut pour Madame Élisabeth et pour la reine un des jours les plus affreux de leur persécution. Depuis près de six mois que le roi était mort, on avait laissé près d'elle l'héritier de la couronne; il semblait devoir n'en plus être séparé : le besoin de leur cœur leur en donnait du moins l'espérance. Un arrêté, dont on leur fit lecture, ordonna que le jeune prince serait mis dans un endroit plus sûr, et une horde d'hommes sans entrailles fut chargée de cette mission. Le fils de Louis XVI était endormi; on l'éveille d'une manière violente; il est arraché impitoyablement des bras de sa mère, qui veut en vain le défendre; Madame Élisabeth, cédant à la force, habille en tremblant son neveu, qu'elle ne doit plus revoir. Elle l'embrasse pour la dernière fois, et réunit tout son courage pour en communiquer à la reine, prête à succomber à cette effroyable séparation.

Dès ce moment, la reine et les princesses n'eurent plus les municipaux près d'elles; on les laissa seules, mais enfermées aux verroux, que plusieurs fois par jour on venait visiter, ainsi que les barreaux. La tendre sollicitude de Madame Élisabeth lui fit découvrir que par une fenêtre on pouvait apercevoir passer le jeune prince, lorsqu'il avait obtenu la permission de monter sur la tour. Elle s'attache des heures entières à ses barreaux, écoute avec attention et voit enfin l'objet qui lui était si cher, le fils de son frère. Mais ce bonheur devait encore être empoisonné par un aspect hideux : elle voit son neveu, contraint d'obéir aux volontés barbares de l'affreux Simon, porter le bonnet couleur de sang; elle l'entend chanter la *Marseillaise*. Le criminel surveillant, sans respect pour l'innocence, affectait de joindre aux traitements les plus durs les propos les plus indécents, des juremens, des blasphêmes (1). Ce Simon poussa la scélératesse jusqu'à former une dénonciation contre les princesses, et força son innocent prisonnier de la signer.

Il les accusait de correspondre avec l'étranger et de fabriquer de faux assignats. Cet acte

---

(1) Le 10 janvier 1794, Madame Élisabeth, qui, depuis cinq mois, était seule avec sa nièce, entendit beaucoup de bruit dans le Temple, et vit emporter des paquets. C'était Simon qui partait. La Commune de Paris venait de le récompenser, en l'admettant au nombre de ses membres, et cette récompense le conduisit à l'échafaud. La place qu'il avait briguée longtemps et si horriblement méritée, devint son arrêt de mort.

Quelle leçon de la Providence !

(*Note extraite de la collection de M. de Barghon-Monteil, ancien garde-du-corps du roi.*)

de démence fut envoyé à la Commune, qui n'osa pas y donner de suite. D'abord récompensé de ses criminels services, plus tard ce monstre périt sur l'échafaud. Tison, chez qui le repentir s'était montré, rendait compte à Madame Élisabeth des horreurs dont Simon se rendait coupable envers le fils de son roi; mais la princesse les laissait le plus possible ignorer à la reine, à qui elle prodiguait les consolations de l'amitié la plus sainte. Mais bientôt son cœur sera déchiré de nouveau, et la reine ne pourra plus recevoir d'elle ces rayons d'espérance qu'elle s'efforçait de faire luire dans son âme affligée. Le 2 août 1793, les deux princesses s'embrassèrent pour la dernière fois : la reine fut transférée à la Conciergerie. C'est en vain que Madame Élisabeth et Madame Royale demandèrent à la suivre; elles durent encore rester et confondre leurs pleurs.

La scène qu'occasionna cette séparation, est déchirante. Ce fut au milieu de la nuit que les satellites de la mort entrèrent à la tour, et commandèrent impérieusement à Marie-Antoinette de se lever. Madame Royale, réveillée par les sons rauques de leurs voix effroyables, poussa un cri de frayeur qui pénétra dans la chambre où reposait Madame Élisabeth. La princesse accourt avec précipitation et trouve sa belle-sœur qui, d'un air calme et majestueux, tentait de rassurer sa fille éperdue, qui la tenait enlacée dans ses bras : « Ma fille, « disait la reine, je reviendrai. Je parlerai à « mes juges : jamais des Français n'oseront « condamner une étrangère qu'ils n'ont point « le droit de juger.— O ma mère ! s'écriait la « jeune infortunée, ils ont bien fait mourir « mon père, qui ne leur fit jamais que du bien ! » Madame Élisabeth contint ses pleurs prêts à s'échapper, fit asseoir Madame Royale sur ses genoux, et rompit ainsi l'entretien. La reine, prête à quitter la tour du Temple, prit la main de Madame Élisabeth, et, la portant sur son cœur : « Adieu ! dit-elle à demi-voix pour « n'être entendue que d'elle, adieu pour tou- « jours ! Je lègue ma fille à votre tendresse. » Les gardes ne lui permirent pas d'en dire davantage. Marie-Antoinette sortit pour aller mourir. Restée seule avec sa nièce, Madame Élisabeth partagea avec elle les grandes ressources de la religion, et la disposa, par son exemple et par ses conseils, à devenir comme elle une femme forte. Dès ce moment, elles ne purent obtenir aucune nouvelle de la reine.

Les visites se continuèrent avec la plus grande exactitude ; cependant Madame Élisabeth avait conservé des crayons et du papier. Dans la crainte d'exciter les rigueurs de leurs tyrans, elle les jeta après le départ de la reine. Il leur était resté des cartes à jouer ; un municipal les fit enlever : ayant aperçu un roi, « Cette vue, dit-il, blesse les yeux d'un républicain. »

Le 21 septembre, l'ordre arriva de resserrer plus étroitement que jamais Madame Élisabeth et sa nièce. Dès-lors, elles n'eurent plus personne pour les servir ; un tour fut pratiqué dans leur chambre pour leur faire passer des aliments ; les princesses étaient obligées de faire elles-mêmes leur lit : on leur dit que l'égalité exigeait tout cela. Sous prétexte qu'elles pourraient employer leurs draps pour descendre par la fenêtre, on les leur enleva, et de vieux draps sales et très-gros les remplacèrent. Le 24, dans une visite extraordinaire, on rechercha scrupuleusement tout ce qui restait en argenterie et en porcelaine. Madame Élisabeth fut accusée d'en avoir volé : les brigands n'étaient pas satisfaits de ce qu'ils avaient trouvé. Ils surprirent un rouleau d'or dans sa commode; ils voulurent savoir de qui elle le tenait, mais ils n'obtinrent rien.

La plume se refuse à tracer la journée du 8 octobre 1793 : tout ce qu'on peut imaginer de plus cruel, de plus infâme, de plus monstrueux la peindrait à peine. La fille des rois, arrachée des bras de sa tante, alla subir un interrogatoire dans lequel on voulut, par des tourments épouvantables, la rendre complice d'impostures exécrables; on exigea, mais en vain, qu'elle accusât sa mère. Madame Élisabeth fut, le même jour, soumise aux mêmes épreuves; deux princesses, muettes de terreur, et n'osant se répéter les questions qui leur avaient été faites, n'eurent que la force de tomber dans les bras l'une de l'autre, lorsqu'après cette infernale machination, elles se retrouvèrent ensemble. La pudeur empêchait que leurs yeux se rencontrassent : elles croyaient encore entendre les ordres qui leur avaient été donnés d'accuser la reine d'avoir eu des relations coupables avec son fils.

Madame Elisabeth supportait tous ces outrages avec un calme impassible et religieux qui faisait l'étonnement même de ses bourreaux. La crainte s'emparait-elle quelquefois de son âme, ce n'était que pour sa nièce, sur qui Dieu et le roi lui disaient de veiller, et Madame Royale recueillait près d'elle ces préceptes religieux, ces principes d'une résignation plus qu'humaine, dont toutes les deux ont donné l'exemple à l'univers.

Madame Elisabeth avait eu, dès sa naissance, de petites incommodités qui n'affectaient point le fond de son tempérament. Les chagrins les ayant rendues moins supportables, elle se fit mettre un cautère au bras. Longtemps on lui refusa de l'onguent pour le panser. Moins inhumain que les autres, un municipal lui en fit donner un jour; mais elle ne put jamais obtenir pour sa nièce le jus d'herbe dont cette princesse faisait usage. On lui refusa aussi de l'eau de Ville-d'Avray, qu'elle préférait à l'eau qu'elle buvait au Temple, et qui l'incommodait beaucoup. Elle conserva, tant qu'elle le put, l'habitude des aliments maigres les jours d'abstinence; mais, lorsque le système d'égalité eut tout confondu, elle préférait ne manger que du pain, si la nourriture qui lui était offerte, n'était point celle qu'ordonnait la religion. Elle attendait de jour en jour que l'orage éclatât sur sa tête; en attendant, elle se consacrait tout entière à perfectionner l'éducation de sa nièce, et vivait dans la plus parfaite soumission aux ordres du ciel.

Madame Élisabeth, pendant sa détention au Temple, s'était accoutumée à toutes les privations. On lui avait ôté, l'un après l'autre, tous les petits meubles nécessaires aux ouvrages de l'aiguille, qui pouvaient servir à la distraire. On trouve à cet égard une anecdote touchante dans les précieux mémoires de Cléry. Un jour, la princesse recousait des habits du roi tombés en lambeaux, et n'ayant pas de ciseaux, elle rompit le fil avec ses dents :

« — Quel contraste! dit Louis XVI, qui la
« regardait avec attendrissement. Il ne vous
« manquait rien dans votre joli château de
« Montreuil.

« — Eh! mon frère, répond la princesse,
« est-ce que je puis avoir des regrets, quand
« je partage vos malheurs? »

Les privations de Madame Élisabeth augmentèrent à mesure qu'elle approchait du terme de sa carrière : on ne la nourrissait, ainsi que sa nièce, que des aliments les plus grossiers ; on n'entretenait point leur mince garde-robe; à peine leur permettait-on d'avoir de la lumière. Combien ces supplices répétés à tous les instants auraient dû être sensibles à des filles de rois, accoutumées dès le berceau à toutes les jouissances! Mais non : ô triomphe d'une sainte résignation! on eût dit qu'elles en avaient la plus grande habitude.

On parut les oublier pendant quelques mois dans leur prison. Déjà le soleil du printemps commençait à pénétrer dans la froide enceinte de la tour où elles étaient renfermées ; déjà Madame Élisabeth faisait avec sa nièce des plans de travail pour les longs jours qu'annonçait le réveil de la nature ; mais Robespierre vivait ; il tourmentait la France entière de sa toute-puissance. Il ordonna à la Convention de tirer l'ange du Temple pour le traîner à l'échafaud, et, le 9 mai 1794, comme elle venait de se coucher, on ouvrit les verroux de sa prison (1). Elle passe une robe précipitamment. Un satellite lui dit : « Citoyenne, « descends tout de suite : on a besoin de toi. » Son sort ne l'inquiète pas ; mais sa première

(1) Madame Élisabeth quitta la tour du Temple le 9 mai 1794, et arriva dans la prison de la Conciergerie, ce même jour, à dix ou onze heures du matin. On ne lui donna ni chambre ni cachot ; elle fut confiée à la garde particulière du concierge, et c'est dans le *cabinet noir* de Madame Richard, qu'elle passa les vingt heures à peu près qui s'écoulèrent entre son installation et son jugement.

« Je me trouvais dans l'appartement de Madame
« Richard (a dit souvent depuis M. Boze), lorsque la
« princesse arriva au palais. On me fit signe de m'en-
« fermer promptement dans un des bouges de l'alcove,
« et, au même instant, je reconnus, à travers les car-
« reaux, Madame Élisabeth, dont j'avais fait le portrait

pensée est pour son auguste compagne : « Ma
« nièce reste-t-elle ici? demanda-t-elle aussi-
« tôt. — Cela ne te regarde pas ; on s'en
« occupera. » Elle serre étroitement Madame
Royale dans ses bras, en lui disant : « Soyez
« tranquille; je vais remonter. — Non, tu ne
« remonteras pas, reprend aussitôt un des

« à Versailles, et que la femme du concierge conduisait
« par la main.

« — Citoyenne, lui dit Madame Richard, que pren-
« dras-tu pour ton déjeûner?

« — Ce que vous voudrez, répondit la princesse avec
« une grande douceur: toutes choses me sont égales.

« Elle s'était assise sur une chaise. Peu de moments
« après, elle dit à la geôlière :

« — Où est ma sœur? dites-le moi, Madame, s'il vous
« plaît.

« Madame Richard, voyant qu'elle ignorait la mort de
« la reine, s'empressa de lui répliquer, mais sans aigreur:

« — Citoyenne, cela ne te regarde pas !

« La princesse n'osa plus rien ajouter. Lorsqu'elle fut
« entrée dans le cabinet noir, situé à côté de cette
« grande chambre, et où le concierge lui donna des
« livres et un flambeau, sa porte fut fermée.

« Les administrateurs de la Commune, depuis long-
« temps, ne fournissaient plus les choses nécessaires aux
« trois prisonnières du Temple : Mme Élisabeth n'avait
« d'autre coiffure qu'un pauvre petit fichu de linon. »

(Relation inédite de M. Boze.)

« brigands qui étaient présents ; prends ton
« bonnet de nuit. » Elle obéit, après avoir de
nouveau pressé sa nièce contre son cœur, et
lui avoir recommandé de mettre toute son
espérance en Dieu. On visite ses poches ; on
n'y trouve rien, et elle part. Pendant qu'on
dressait le procès-verbal de décharge du geôlier, elle eut à essuyer tous les outrages d'une
foule de scélérats, qui la poursuivirent jusqu'à
ce qu'elle fût montée dans un fiacre.

Conduite à la Conciergerie, où on l'interrogea
pour la forme, elle fut envoyée le lendemain
à l'échafaud, avec vingt-quatre autres victimes
qu'elle ne connaissait pas. Elle y monta avec
calme et résignation, ne proféra pas une seule
plainte et semblait heureuse d'aller rejoindre
dans une autre vie ceux qu'elle avait tant aimés
dans celle-ci. Elle était âgée de trente ans. On
avait affecté de la confondre dans une même
accusation avec plusieurs détenus; mais, étrangère aux ménagements qu'avaient cru devoir
observer, lors de leur interrogatoire, les deux
victimes chéries qui l'avaient précédée, elle
répondit, quand on lui demanda, selon l'usa-

ge, son nom et ses qualités : « Je me nomme Élisabeth de France, sœur du roi. » Réponse sublime, qui peint bien une âme courageuse et grande. Ainsi mourut cette illustre princesse, que ses qualités extraordinaires ont mise au-dessus des mortels, et que, selon le vœu de Madame Royale (1) et celui de tous les Français, on doit compter parmi les plus glorieux martyrs.

(1) Madame Royale, dans une lettre datée de Vienne, dit à sa tante, la reine de Sardaigne : « J'ai ici un vrai « plaisir en voyant que les vertus de ma tante Élisabeth « étaient bien connues ; on n'en parle qu'avec véné- « ration. J'espère qu'un jour le pape mettra mes parents « au rang des saints. »

PROCÈS DE MADAME ÉLISABETH.

Ce fut, comme on l'a vu, le 9 mai 1794, à sept heures du soir, que cette intéressante victime de la démagogie fut arrachée des bras de Madame Royale pour être conduite à la Conciergerie. A peine arrivée dans ce sinistre séjour, elle fut interrogée en secret, car ses farouches ennemis craignaient que, si elle faisait parler devant un nombreux auditoire populaire son courage et sa sensibilité, leur proie ne leur échappât. Cet interrogatoire secret ne fut point transmis dans les journaux officiels du temps, mais on le trouve dans un livre qui a pour titre le *Procès des Bourbons;* ainsi, il n'est pas perdu pour l'histoire.

Élisabeth comparut devant un tribunal où il n'y avait que trois hommes : Deliége, un des vice-présidents de la chambre ardente révolutionnaire; Fouquier-Tinville, le génie du mal qui l'inspirait, et Ducray, le greffier, qui écrivait dans l'esprit du jour les interpellations et les réponses.

— Avez-vous, dit Deliége, conspiré avec le dernier tyran contre la sûreté et la liberté du peuple français ?

— J'ignore, répond la princesse, à qui vous donnez ce titre de tyran; mais je n'ai jamais désiré que le bonheur des Français.

— Avez-vous entretenu des intelligences avec les ennemis intérieurs ou extérieurs de la République, et notamment avec les frères de Capet? Ne leur avez-vous pas fourni des secours d'argent?

— Je n'ai jamais connu que des amis des Français; jamais je n'ai fourni de secours à mes frères, et, depuis le mois d'août 1792, je n'ai reçu de leurs nouvelles ni ne leur ai donné des miennes.

— Leur avez-vous fait passer des diamants?

— Non.

— N'avez-vous pas eu connaissance que le voyage de votre frère et de votre belle-sœur, le 18 avril 1791, pour Saint-Cloud, n'avait été imaginé que pour saisir l'occasion de sortir de France?

— Je n'ai eu d'autre connaissance de ce voyage, sinon que mon frère, alors malade, voulait aller à la campagne pour y respirer un air pur.

— N'est-ce pas à votre sollicitation que Capet a fui de Paris dans la nuit du 20 au 21 juin 1791, pour aller à Varennes?

— J'ai appris, dans la journée du 20, que nous devions tous partir la nuit suivante, et j'ai obéi aux ordres de mon roi.

— Le motif de ce voyage n'était-il pas de sortir de France et de vous réunir aux émigrés et aux autres ennemis du peuple français?

— Jamais mon frère ni moi n'avons eu l'intention de quitter la France.

— Je vous observe que cette réponse ne paraît pas exacte, car il est notoire que Bouillé avait donné des ordres à différents corps de troupes de protéger votre évasion, et que tout était préparé à l'abbaye d'Orval, située sur le territoire autrichien, pour vous recevoir.

— Mon frère devait aller à Montmédi, et je ne lui connais point d'autres intentions.

— Avez-vous connaissance des conciliabules secrets tenus chez Marie-Antoinette, ci-devant reine de France, et connus sous le nom de Comité autrichien?

— J'ai parfaitement connaissance qu'il n'y en eut jamais.

— Qu'avez-vous fait la nuit du 9 au 10 août?

— Je suis restée dans la chambre de mon frère, où nous avons veillé.

— Cette même nuit, n'avez-vous pas été avec Marie-Antoinette dans une salle où étaient les Suisses occupés à faire des cartouches?

— Je n'y ai pas été, et n'ai nullement connaissance qu'il existe une pareille salle.

Cet interrogatoire, où Élisabeth, sans compromettre son courage, tint un langage si mesuré, rassura ses ennemis sur le danger de la faire parler devant un nombreux auditoire. Dès le lendemain, on l'amena à la salle d'audience, avec vingt-quatre infortunés, qui eurent le douloureux honneur d'être associés à son jugement.

L'acte d'accusation de Fouquier-Tinville respirait son âme de sang : « C'est au mo-
« ment, dit-il, où l'excès de l'oppression a
« forcé le peuple à briser ses chaînes, que la
« famille ci-devant royale s'est réunie pour le
« plonger dans un esclavage plus cruel que
« celui d'où il est sorti. Ces forfaits amoncelés
« de Capet, d'Antoinette, de ses frères et d'Éli-
« sabeth, sont trop connus pour qu'il soit
« nécessaire d'en tracer ici le tableau; ils sont
« écrits en caractères de sang dans les annales
« de la révolution..... Élisabeth a coopéré à
« toutes les trames, à tous les complots ourdis
« par ses infâmes frères, par..... Antoinette,
« par toute la horde de conspirateurs qui
« s'était réunie autour d'eux. Elle a encou-
« ragé tous les assassins de la patrie, les

« complots de juillet 1789 et la conjuration du
« 6 octobre. C'est elle qui, en juin 1792, a
« fait passer à d'Artois, son frère, des dia-
« mants qui étaient une propriété nationale...
« C'est elle qui voulait, par l'orgueil et le
« dédain le plus humiliant, avilir les hommes
« libres qui consacraient leur temps à garder
« le tyran. C'est elle qui prodiguait des soins
« aux assassins envoyés aux Champs-Élysées,
« pour provoquer les braves Marseillais, et qui
« pansait leurs blessures. Élisabeth avait mé-
« dité, avec Capet et Antoinette, le massacre
« des citoyens de Paris au 10 août. Elle aidait
« la barbare Antoinette à mordre les balles....
« et, trompée dans son espoir, conduite à la
« salle de la souveraineté nationale, elle rêvait
« encore aux moyens d'égorger les repré-
« sentants, au milieu desquels elle avait été
« chercher un asile. »

On doute si l'on est éveillé, quand on lit ce dégoûtant libelle, où toutes les épithètes sont des injures, où tous les arguments sont des sophismes, où tous les faits cités sont des calomnies; il n'y avait qu'un Fouquier-Tinville qui pût imaginer de pareilles horreurs, comme il n'y avait qu'une populace de sans-culottes qui pût les entendre, et une princesse Élisabeth qui pût les pardonner.

La lecture de ce libelle fut suivie d'un interrogatoire public, pareil à peu près à celui qui avait été fait en secret, la nuit du 9; les mêmes interpellations absurdes ou injurieuses amenèrent les mêmes réponses.

L'affreux Dumas, qui présidait le tribunal, consulta ensuite les jurés, qui, d'après la conscience de l'accusateur public (ils n'en avaient point d'individuelle), se réunirent à l'unanimité à la peine de mort; alors il prononça la sentence.

Elle portait qu'il avait existé des conspirations formées par Capet, sa femme et sa famille, pour assassiner le peuple et anéantir la liberté; qu'Élisabeth et vingt-quatre autres accusés étaient convaincus d'en être les complices, et que la loi les condamnait tous à la peine de mort.

Elisabeth, quand elle entendit cet effroyable arrêt, ne changea pas de visage. Elle avait

7

appris, en entrant à la Conciergerie, la destinée de la reine, et, dès ce moment, elle avait désiré de se réunir à elle. Lorsqu'elle se trouva seule avec les infortunés qui devaient l'accompagner à la place de la Révolution, elle s'oublia tout-à-fait pour ne leur parler que d'eux-mêmes. Elle leur montra les portes du ciel ouvertes pour les recevoir, leur dit qu'il était de leur intérêt d'aller trouver une patrie qui ne pouvait être ingrate, et sembla semer des fleurs jusqu'aux marches de l'échafaud.

Depuis le Palais-de-Justice jusqu'au lieu du supplice, Madame Élisabeth conserva une attitude noble et tranquille; elle causa avec la sœur de Malesherbes, femme de Senozan et la veuve du ministre Montmorin, comme si elle eût encore été dans la galerie de Versailles, sans faire attention aux vociférations d'une populace effrénée, qui applaudissait à son infortune, si ce n'est pour dire que ce peuple n'était qu'égaré, et qu'elle était loin de l'accuser de sa mort (1).

(1) En marchant au supplice, Madame Élisabeth ne cessa d'exhorter à la résignation les autres victimes,

Arrivée au pied de l'échafaud, la férocité de ses ennemis l'y poursuivit encore : on eut la barbarie de ne lui en faire monter les marches que lorsque les vingt-quatre autres têtes furent tombées ; aussi on peut voir qu'elle mourut vingt-quatre fois avant de recevoir le coup mortel. Dans cet intervalle horrible, la princesse remercia la marquise de Crussol-d'Amboise du tendre intérêt qu'elle lui avait témoigné, et, les larmes aux yeux, exprima son regret de ne pouvoir le reconnaître comme elle le voudrait.

— Ah ! Madame, si Votre Altesse Royale daignait m'embrasser, je serais au comble de mes vœux.

— Bien volontiers, marquise, et de tout mon cœur.

Enfin, la hache régicide vint la frapper à son tour, et elle se réfugia dans le sein du

dévouées comme elle au martyre. Les femmes qui se trouvèrent avec elle sur la fatale charrette, et dont on la força de voir le supplice, la saluèrent avec respect en passant devant elle ; elle les embrassa avec une touchante affection, et ne cessa d'adresser ses prières au ciel qu'au moment où sa mort termina cette horrible scène.

Père des hommes, dont elle avait été un des plus parfaits ouvrages.

Madame Élisabeth avait trente ans; ses restes sanglants ont été portés près de Monceaux, et confondus avec ceux qu'on entassait journellement après les exécutions permanentes.

Un honorable magistrat, M. Ferrand, a consacré à la mémoire de cette princesse un Éloge historique, dont le style et les sentiments sont dignes d'un si noble sujet.

Un hommage encore plus éclatant manque à la mémoire de Madame Élisabeth de France; mais, s'il est permis de devancer le cours du temps et de prévoir les arrêts sacrés de la religion, un jour, sans doute, son nom auguste et béni brillera dans les saintes annales où l'Église ne reconnaît plus que les élus, où les chrétiens ne comptent plus que des protecteurs!

PRIÈRE DU MATIN

composée au Temple par Mme Élisabeth.

« Que m'arrivera-t-il aujourd'hui, ô mon Dieu ? Je n'en sais rien ; tout ce que je sais, c'est qu'il ne m'arrivera rien que vous n'ayez prévu, réglé, voulu et ordonné de toute éternité : cela me suffit. J'adore vos desseins éternels et impénétrables ; je m'y soumets de tout mon cœur, pour l'amour de vous ; je veux tout, et j'unis ce sacrifice à celui de mon divin Sauveur. — Je vous demande, en son nom et par ses mérites infinis, la patience de mes peines et la parfaite soumission qui vous est due pour tout ce que vous voulez et permettez. »

NOMS

de ceux qui ont eu la gloire de partager le martyre de Mᵐᵉ Élisabeth.

1° Élisabeth-Marie-Hélène de France, sœur de Louis XVI, âgée de 30 ans ;
2° Anne Duwaes, âgée de 55 ans, native de Keisnitly (Allemagne), veuve de .... Laigle, ci-devant marquis.
3° Louis-Bernardin Le Neuf de Sourdeval, ex-comte, âgé de 69 ans, natif de Caen, département du Calvados, domicilié à Châlon (Seine-et-Oise).

4° Anne-Nicole de Lamoignon-Malesherbes, âgée de 76 ans, native de Paris, y domiciliée, veuve du ci-devant marquis de Senozan.

5° Claude-Louise-Angélique de Bersin, âgée de 64 ans, native de Paris, femme de l'ex-marquis de Crussol-d'Amboise.

6° Georges Falloppe, pharmacien, ex-officier municipal de la commune, âgé de 64 ans.

7° Denise Buard, âgée de 52 ans, native de Paris, domiciliée rue Saint-Florentin, numéro 674.

8° Louis-Pierre-Marcel Letellier dit Bullier, ci-devant employé à l'habillement des troupes, âgé de 21 ans.

9° Charles Cressy de Champmilon, ex-noble et ci-devant officier de marine, âgé de 33 ans.

10° Théodore Hall, manufacturier et négociant, âgé de 26 ans, natif de Seuzy, département de l'Yonne.

11° Alexandre-François Loménie, ex-comte, ci-devant colonel du régiment des chasseurs de Champagne, âgé de 36 ans.

12° Louis-Marie-Athanase de Loménie, ex-ministre de la guerre et maire de Brienne, âgé de 64 ans.

13° Antoine-Hugues-Caliste de Montmorin, sous-lieutenant dans le 5me régiment des chasseurs à cheval, âgé de 22 ans.

14° Jean-Baptiste Lhoste, domestique de Mégret de Sérilly, âgé de 47 ans.

15° Martial Loménie, ex-coadjuteur de l'évêché du département de l'Yonne, âgé de 30 ans.

16° Antoine-Jean-François Mégret de Sérilly, ci-devant trésorier-général, âgé de 48 ans.

17° Antoine-Jean-Marie Mégret de Tigny, âgé de 46 ans.

18° Charles de Loménie, ci-devant chevalier des ordres dits de Saint-Louis et de Cincinnatus, âgé de 33 ans.

19° Françoise-Gabrielle de Tanneffe, âgée de 50 ans, native de Châdieu (Puy-de-Dôme), veuve de Montmorin.

20° Anne-Marie-Charlotte de Loménie, âgée de 29 ans, divorcée de l'émigré Canisy.

21° Marie-Anne-Catherine Rosset, âgée de 44 ans.

22° Élisabeth-Jacqueline Lhermite, âgée de 65 ans, mariée au ci-devant comte Rosset, maréchal-des-camps, émigré.

23° Louis-Claude Lhermite-Chambertrand, ex-chanoine, âgé de 60 ans.

24° Anne-Marie-Louise Thomas, âgée de 31 ans, mariée à Mégret de Sérilly.

25° Jean-Baptiste Dubois, domestique de Mégret de Tigny, âgé de 41 ans.

Vu l'extrait du jugement du tribunal criminel révolutionnaire et du procès-verbal d'exécution, en date du 21 floréal (style d'alors).

Signé: Lécrivrain, greffier.
Claude-Antoine Deltroit, officier public.

LETTRES DE MADAME ÉLISABETH.

Lettres à Madame de Raigecourt.

29 août 1790.

« Bonjour ma pauvre R...., nous voilà revenus à Saint-Cloud, à ma grande satisfaction; car Paris est beau, mais dans la perspective, et ici j'ai le bonheur de le bien voir comme je veux : et puis, de mon petit jardin, je vois à peine le ciel. Je n'entends plus tous ces vilains crieurs, qui à-présent ne se contentent plus d'être à la porte des Tuileries, mais parcourent tout le jardin, pour que personne ne puisse ignorer toutes ces infamies. Au reste, si tu veux savoir des nouvelles de ma petite santé, je te dirai que j'ai toujours beaucoup d'engourdissement dans (1) les jambes. Cependant, à en croire les symptômes de cette vilaine maladie, je pourrais imaginer que la guérison s'approche ; mais j'y ai déjà été prise tant de fois, que je n'ose pas m'en flatter, et que, de bonne foi, je n'y crois pas..... Tu sais, sans doute, ce qui se passe à Nancy : c'est abominable. Aujourd'hui, les troupes que M. de Bouillé a rassemblées, doivent entrer dans Nancy. Dieu veuille qu'il puisse sauver les malheureux officiers ! M. de Noue est au cachot. On dit que des officiers ont été tués en voulant se défendre. M. de Malseigne, après s'être conduit comme un héros, a été obligé de s'enfuir à Lunéville. Il a été poursuivi par cinquante hommes de Mestre-de-camp. On en aura, j'espère, des nouvelles demain. Tu dois être bien contente que ton frère n'y soit plus,

(1) Par cette phrase et quelques-unes semblables qu'on trouvera dans les autres lettres, Madame Élisabeth indiquait le désir qu'elle avait que le roi quittât Paris, les espérances qu'il lui donnait à cet égard et les efforts qu'on faisait pour l'en empêcher.

« Comment va l'office ? Es-tu toujours enchantée de l'abbé Duguet ! Je le lirai peut-être bientôt. Les leçons de cette semaine sont bien belles, et bonnes pour toi. Voilà, mon cœur, le vrai modèle de la résignation. J'espère que tu en profiteras. A l'appui de cela, je te raconterai le trait d'une femme qui, en apprenant la mort de son fils unique, l'objet de sa tendresse et de toute son espérance, s'écria, dans son premier mouvement : *Mon Dieu, il vous voit, il vous aime!* Voilà un grand exemple à suivre, et voilà, je vous le répéterai sans cesse, la véritable résignation. L'autre tient trop à l'humanité pour être infiniment agréable à Dieu. Vous voulez parvenir à la perfection : prenez-en les moyens que le ciel vous envoie. Votre caractère, votre éducation, tout vous met dans le cas de les mettre en usage. Pour moi, qui veux votre bonheur, je désire vivement que vous veniez à bout de faire votre sacrifice en entier, parce que je crois que, jusqu'à ce moment-là, vous n'aurez pas de tranquillité. Pardon, mon cœur, de vous parler d'un objet aussi triste ; mais je n'ai pu résister au désir de vous raconter ce trait d'amour de Dieu. Espérons qu'il pourra vous être utile. Vous savez que je vous aime tendrement, et que je voudrais vous voir le cœur et l'âme un peu plus dégagés d'un lien que le ciel a rompu (1) pour votre bonheur éternel, pour vous faire sentir qu'il voulait que vous n'aimassiez que lui avec autant de force. Adieu, ma petite, je te quitte pour la messe. Je t'embrasse bien tendrement. »

16 octobre 1790.

« Tu dois être arrivée aujourd'hui, ma chère enfant. J'ai bien de l'impatience d'avoir de tes nouvelles, de te savoir établie, je voudrais dire heureuse ; mais je sens que cela est bien difficile. Heureusement, tu pourras te livrer à la dévotion. Ce sera là ta consolation, ta force. Ne te charge pas l'esprit de scrupules : tu offenserais Dieu, qui t'a fait tant de

(1) Madame de Raigecour avait perdu le seul garçon qu'elle eût alors, ainsi qu'on l'a vu dans les lettres à Madame Marie de Causan, et depuis ce temps, elle n'en avait point eu d'autre.

grâces, et qui mérite bien que tu ailles à lui avec toute la confiance d'un enfant. Fais usage de l'instruction que tu as reçue et des conseils du curé, pour calmer la délicatesse de tes sentiments pour Dieu..... Oui, ton âme est trop délicate : la plus petite chose la blesse. Dieu est plus indulgent pour sa créature; il en connaît toute la faiblesse; mais il veut, malgré cela, la combler de toutes ses grâces, et, pour prix de tant de bontés, il demande notre confiance et un abandon entier à toutes ses volontés. Ah ! que dans ce moment on a besoin de se répéter cette vérité ! Tu pourras avoir souvent besoin de recourir à lui pour te fortifier... Adieu, tu sais que je t'aime de tout mon cœur. »

24 octobre 1790.

« J'ai reçu ta seconde lettre. Apprête-toi à recevoir un savon de ma façon, qui ne cédera en rien à tous ceux dont tu as pu entendre parler. Dites-moi pourquoi vous vous croyez obligée d'être dans des états violents. Cela est très-mal vu, ma chère enfant. Vous allez vous rendre malade, donner à votre enfant un fond de mélancolie inguérissable. Et pourquoi ? parce que vous n'êtes ni à Paris, ni à R........; parce que tous les contes qu'on vous débitera seront autant de vérités à vos yeux. De grâce, n'en faites rien. Remettez entre les mains de la Providence le sort des gens qui vous intéressent, et puis secouez vos yeux bien fort, pour ne pas leur permettre de voir noir. Tu te tourmentes, pour te faire des reproches qui n'ont pas le sens commun. Pour te calmer tout-à-fait, je te ferai part d'une réflexion que j'ai faite après ton départ. Dans le premier moment, me suis-je dit, je n'ai pensé qu'au plaisir de la savoir dans un lieu bien tranquille ; mais le public ne trouvera-t-il pas mauvais qu'elle m'ait quittée dans ce temps de trouble ? Mais j'ai senti que cela ne se pouvait pas, à cause de votre état ; que de plus, si quelques gens à grands sentiments voulaient s'aviser de penser à cela, nous devions nous mettre au-dessus du malheur de leur déplaire, par une très-bonne raison : c'est que Dieu t'ayant remis en dépôt le salut de ton enfant, aucune considération humaine ne doit t'empêcher de prendre tous les moyens possibles pour lui faire recevoir le baptême. A cela, mon cœur, tes principes te feront aisément sentir qu'il n'y a ni respect humain, ni amitié, ni devoir, qui ne doive céder à celui-là. Si donc, mon cœur, tu as encore des remords de ta faiblesse, réponds-leur tout de suite : mon enfant recevra le baptême ; et si après cela Dieu l'appelle à lui, au moins il jouira du plus parfait bonheur. Pour lors, mon cœur, ton âme sera facilement consolée..... J'ai vu.....; il est un peu à la désespérade. Son malade a toujours de l'engourdissement dans les jambes, et il craint que cela ne gagne tellement les jointures, qu'il n'y ait plus de remède (1). Pour moi, je me soumets aux ordres de la Providence... A chaque jour suffit son mal...

(1) Madame Élisabeth sentait avec raison que, plus le roi retardait son départ, plus le mal augmentait. L'Assemblée, à chaque séance, détruisait toujours quelque pièce de la monarchie. Tant que tout ce qui constituait la monarchie ne fut que renversé, un effort heureux pouvait le relever; mais, à mesure que tout ce qui était renversé fut mis en poudre, et qu'on en dissémina les débris, la reconstruction devenait plus difficile.

« Nous allons demain, H...... et moi, à Saint-Cyr, nous nourrir un peu de cette viande céleste qui fait beaucoup de bien. Adieu, je t'embrasse de tout mon cœur.

« J'espère que M. D. D. P. est dans les bons principes. Si tu en trouves l'occasion, fais-lui dire bien des choses de ma part.

« Mande-moi si tu as les commodités pour tes œuvres de sainteté. »

3 novembre 1790.

« Eh bien! ma pauvre R...., t'accoutumes-tu à la vie que tu mènes? Le précédent maître du lieu est plus déraisonnable que jamais. Ses créanciers le persécutent, et finiront par faire mourir ses amis de chagrin. Rien de tout cela ne peut le décider...... (1). On se présente de

(1) Le commencement de cette lettre ne laisse aucun doute sur la manière dont Madame Élisabeth envisageait la position du roi, et sur l'indécision de ce malheureux prince. Dans l'hiver de 1790 à 1791, on lui proposa dix moyens, plus sûrs les uns que les autres, pour arriver dans une seule nuit jusqu'à une ville de guerre. Rien ne fut accepté, et, six mois après, on partit dans la nuit la plus courte de l'année.

tous côtés..... Tout cela est mis au néant. Que veux-tu? Il faut prier la Providence d'être pour lui, et plus sage que lui..... Nous voilà revenus dans Paris; il fait vilain, et c'est un prétexte que nous prenons pour rester. Si nous savions en profiter, je ne m'en plaindrais pas; mais, tu nous connais, le château des Tuileries sera notre promenade la plus habituelle. Enfin, tout comme Dieu voudra. Si je ne pensais qu'à moi, je ne sais pas trop ce que je préférerais. Ici, je suis plus commodément pour mes petites dévotions; mais, pour les promenades, pour la gaieté du lieu, Saint-Cloud est bien préférable, et puis le voisinage de Saint-Cyr. D'un autre côté, les soirées sont bien longues dans ce temps-ci; tu sais que j'ai horreur pour la lumière, ou, pour mieux dire, qu'elle me porte tellement au sommeil, que je ne peux pas lire longtemps de suite. De tout ce bavardage, je conclus que Dieu arrange tout pour le mieux, et que je dois être bien aise d'être ici.

« A propos, j'ai été vendredi au Calvaire. Ton curé y était; je ne l'ai vu qu'au moment où j'allais m'en aller : j'en ai été bien fâchée ; je l'aurai peut-être scandalisé, parce que je suis entrée chez les hermites. Je l'ai fait sortir de son dîner ; il m'a reconduite jusqu'au bas de la montagne ; je n'ai point été embarrassée avec lui. Il était tout occupé du salut du baron de B......, qui a pensé mourir : il est hors d'affaire pour cette fois-ci. Il faut demander qu'il mette à profit sa convalescence. Nous sommes restées fort peu de temps au Calvaire, parce qu'il y avait eu un brouillard qui m'avait fait partir tard. Malgré cela, cette pauvre L.... était touchée aux larmes. Si elle eût été seule, je crois qu'elle aurait eu beaucoup de ressemblance avec la Madeleine. Au reste, c'est très-heureux d'avoir une dévotion aussi tendre ; mais, quand on ne l'a pas, il faut s'en humilier, et non s'en troubler. Adieu, ma petite ; quant aux nouvelles, je te dirai que je ne suis pas plus au courant qu'il ne faut ; je sais seulement que l'on tient toujours des propos indignes sur la reine. On dit, entre autres choses, qu'il y a une intrigue avec Mir....., que c'est lui qui conseille le roi...... Je t'embrasse, je t'aime de tout mon cœur, et te souhaite le bonheur que tu mérites..... Si tu venais à trépasser, tu laisserais mes derniers vœux à ta princesse (1), et de suite à sa famille *estimable*, s'il en était besoin par son décès. »

1ᵉʳ décembre 1790.

« Mon Dieu, ma pauvre R...., qu'est-ce que l'on a pu vous conter de si extraordinaire ? Je me creuse la tête pour le deviner, et ne le puis ; si votre phrase ne portait pas sur ce pays-ci, je croirais le savoir ; mais, comme il n'est rien arrivé de si étrange, que nous sommes dans la tranquillité, je ne conçois pas ce que tu veux dire, à moins que tu ne veuilles parler d'un abbé Dubois, qui est mort à Chambéry. J'ai heureusement su que son repentir avait prévenu son crime. Ah ! mon cœur, j'espère que le ciel ne me réserve pas

---

(1) Son testament, dont nous avons vu qu'elle avait chargé Madame de Raigecour. Celle-ci, en cas de mort, devait le laisser à la princesse de R...., qui, venant à mourir, l'aurait laissé à quelqu'un de la famille du maréchal de B....., son beau-père.

un pareil malheur (1) : qu'au moins il laisse à mon frère le temps de reconnaître sa puissance, voilà ce que je désire.

« Je me suis trompée de vingt-quatre heures pour le jour de la poste ; ce qui fait que tu n'as pas eu de mes nouvelles la dernière. Tu sais le décret pour le clergé, et je vois d'ici tout ce que tu dis, tout ce que tu penses, combien tu estropies de bras, en fermant les yeux, et disant : *enfin Dieu le veut ; c'est bien, c'est bien ; il faut se soumettre.* Et puis, tu ne te soumets pas plus qu'une autre : ne va pas le croire, parce que tu es très-résignée dans le premier moment, et puis la tête de ma R.... s'échauffe : telle réflexion l'agite ; telle crainte la tourmente ; telle personne court des risques : que deviendra-t-il ? Le forcera-t-on à agir contre son devoir et sa conscience, etc., etc.? Et voilà R.... aux champs, tout en disant :

(1) On voit, par cette lettre, comme par celle de Madame de Bombelles (dans la première partie de l'Éloge historique), que Madame Élisabeth avait été bien instruite de l'attentat auquel son frère avait échappé, et que sa tendresse ne pouvait supporter l'idée d'avoir été au moment de le perdre.

mon Dieu, je vous l'offre. Ayez la bonté, Mademoiselle, de ne pas tant vous tourmenter. M. de Condorcet a décidé qu'il ne fallait pas persécuter l'Église pour ne pas rendre le clergé intéressant, parce que, dit-il, cela nuirait infiniment à la Constitution. Ainsi, mon cœur, point de martyre : Dieu merci ! car je t'avoue que je n'ai pas de goût pour ce genre de mort.

« J'ai prévenu ta lettre sur la mort de M. D...... Je n'ai rien à ajouter à ce que je t'ai mandé ; mais j'ai bien à te louer de la modération avec laquelle tu m'en parles. Remercies-en le ciel, mon cœur ; car tu n'eusses pas été comme cela, il y a deux ans. Crois que mon cœur a été bien combattu entre le désir de te faire plaisir, de parer aux inconvénients dont tu me parles, et les raisons que je te donne.

« Adieu ; je t'embrasse de tout mon cœur, et t'aime de même. »

16 décembre 1790.

« Je suis piquée comme un chien, Mademoiselle; il y a six semaines que je vous ai fait acheter un bref, et que j'ai toujours oublié de vous l'envoyer. Le voilà.

« Il y a mille ans que je ne t'ai écrit; mais vraiment, ce n'est pas ma faute. J'ai eu des lettres à lire d'une manière fort longue; d'autres à écrire. Enfin, tu sais qu'ici j'ai peu de moments à moi. Bref, excepté mon office, je ne fais rien de bien; mais, comme de longtemps je n'aurai celui de respirer, je tâche d'arranger tout cela avec de fréquentes communions. J'espère qu'elles ne seront pas cause de ma damnation, et que le sang de Jésus-Christ me soutiendra dans la bonne voie.

. . . .

« Je suis toujours contente de ma santé; tu auras de la peine à le croire, me sachant aussi douillette: mais il faut que tu en prennes ton parti; c'est comme cela. J'ai cependant des hauts et des bas; mais, en général, cela ne va pas mal. Cet homme..... (1) n'est plus ici. Je

(1) L'homme dont parle Madame Elisabeth, était venu à Paris pour décider le roi à prendre le seul moyen qui pouvait le sauver et sauver l'État. Quand il vit toutes

l'estime beaucoup ; mais je trouve qu'il n'y a pas un grand inconvénient : vous savez qu'on ne l'écoutait guère. Adieu. »

22 décembre 1790.

« Paris est depuis ce matin dans l'étonnement. M. Dandré a commencé sa présidence, en annonçant le départ de Mirabeau. Il demande un congé d'un mois : on en ignore encore le motif et l'endroit où il est allé. Bien des gens disent en Provence. Dans peu, j'imagine que nous le saurons. Au reste, il a été décrété que nous n'aurions plus de maréchaussée, mais de la gendarmerie nationale. Il faut bien que tout se ressente de la révolution. Hier, on s'est amusé à faire mourir le comte d'Artois de faim, et banqueroutier, en ne lui donnant pas de quoi payer ses dettes. Il faut espérer que son beau-père ne lui laissera pas subir la première de ces décisions. Quant à la seconde, ce n'est pas sa faute si la nation aime mieux

les intrigues qui déjouaient ses conseils, il se retira. Madame Élisabeth l'avait vu, et avait été ravie de son énergie et de son dévouement.

M. le duc d'Orléans que lui. On donne à celui-ci un million par an, pour payer ses dettes, pendant vingt ans, avec des retranchements tous les ans de l'intérêt. Tu conviendras qu'il était bien juste que l'on s'occupât de son sort (1).

« Si je n'avais pas souvent des torts envers toi pour l'exactitude, je dirais qu'il y a mille ans que je n'ai reçu de tes nouvelles; mais je ne m'en aviserai pas. On dit que ta ville devient très à la mode. Si ce sont des gens qui te plaisent qui l'habitent, j'en serai très-aise : sans cela, je crois que tu aimerais autant la solitude dont tu jouissais. La..... arrive; je te quitte et t'embrasse. »

30 décembre 1790.

« Je vois d'ici la persécution, étant dans une douleur mortelle de l'acceptation que le roi vient de donner. Dieu nous réservait ce

---

(1) Les États-généraux, assemblés pour remédier, disait-on, au désordre des finances de l'État, prennent sur ces finances mêmes pour payer les dettes d'un député. Ce délire ne peut se rencontrer que dans une grande assemblée.

coup: qu'il soit le dernier, et qu'il ne permette pas que le schisme s'établisse. Voilà tout ce que je demande. La réponse du pape n'est point arrivée; je crois qu'elle est bien intéressante. Au reste, mon cœur, cette acceptation a été donnée le jour de Saint-Étienne. Apparemment que ce bienheureux martyr doit être maintenant notre modèle. Tu sais que je n'ai point d'horreur pour les coups de pierre; ainsi, cela m'arrange assez. On dit qu'il y a sept curés de Paris qui ont prêté le serment. Je ne croyais pas que le nombre fût aussi considérable. Tout cela fait un très-mauvais effet dans mon âme; car, loin de me rendre dévote, cela m'ôte tout espoir que la colère de Dieu s'apaise. Tu sens bien que ton curé est bien décidé à suivre la loi de l'Évangile et non celle que l'on veut établir. On dit qu'un membre de la Commune a voulu gagner celui de Sainte-Marguerite, en lui disant que l'estime que l'on avait pour lui, la prépondérance qu'il avait dans le monde, seraient capables de ramener la paix, en entraînant les esprits. Le curé lui a répondu: Monsieur, c'est par toutes les raisons que vous venez de me donner, que je ne prêterai pas le serment, et que je n'agirai pas contre ma conscience.....

« Adieu; je vous embrasse de tout mon cœur, et vous aime de même. »

7 janvier 1791.

« Des gens plus diligents que moi vous auront sûrement mandé ce qui s'est passé à l'Assemblée mardi; enfin, mon cœur, la religion s'est rendue maîtresse de la peur. Dieu a parlé au cœur des évêques et des curés. Ils ont senti tout ce que leur caractère leur inspirait de devoirs, et ils ont déclaré qu'ils ne prêteraient pas le serment. Pour le moins vingt du côté gauche se sont rétractés; on n'a pas voulu les écouter: mais Dieu les voyait, et leur aura pardonné une erreur causée par toutes les voies de séduction dont il est possible de se servir. Un curé du côté gauche a mis beaucoup de fermeté pour ne le pas prêter. On dit que cette journée désappointe bien des gens: tant pis pour eux; ils n'ont que ce qu'ils méritent; mais ce qu'il y a de triste, c'est qu'ils s'en vengeront. Dieu seul sait comment. Qu'il ne nous abandonne pas tout-à-fait : voilà à quoi nous devons borner nos vœux. Je n'ai point de goût pour le martyre ; mais je sens que je serais très-aise d'avoir la certitude de le souffrir, plutôt que d'abandonner le moindre article de ma foi. J'espère que, si j'y suis destinée, Dieu m'en donnera la force. Il est si bon, si bon ! c'est un père si occupé du véritable bonheur de ses enfants, que nous devons avoir toute confiance en lui. As-tu été touchée, le jour des Rois, de la bonté de Dieu, qui appela les gentils à lui dans ce moment ? Ces gentils étaient nous. Remercions-le donc bien : soyons fidèles à notre foi ; ranimons-la ; ne perdons jamais de vue ce que nous lui devons ; et, sur tout le reste, abandonnons-nous avec une confiance vraiment filiale.

« J'ai eu ces jours-ci une peine bien réelle que tu partageras sans doute. Cette pauvre Madame de Cimery, qui, comme tu sais, avait mal au sein depuis cinq semaines, était presque alitée. Dans la nuit du dimanche au lundi, son âme, après avoir reçu le matin son créateur, a été prendre sa place dans le ciel ; car j'espère bien qu'elle est heureuse, et qu'elle a reçu la récompense d'une vie entière de vertu et de malheur. Je la regrette vivement : elle était d'une grande ressource pour moi, et jamais je ne la pourrai remplacer, non pas pour les qualités que je puis désirer dans une première femme, mais dans celles qui convenaient à mon cœur, à mon esprit et à mes sentiments. Je la regrette comme mon amie ; mais je la crois heureuse, et cette idée me console. »

17 janvier 1791.

« Je ne veux pas que tu puisses avoir de reproches à me faire cette poste. Ton curé, comme je crois te l'avoir mandé, n'a point paru : un vicaire a chanté la grand'messe. Vous ne pouvez pas vous faire une idée de l'indécence de l'église : il n'y avait que des brigands ; mais elle en était comble. On se jetait les chaises à la tête ; on faisait recommencer l'orgue. Un prêtre est monté en chaire pour dire qu'il arrivait de Saintes, et que l'évêque y avait fait mettre sa tête à prix, parce qu'il avait prêté le serment. Le soir, il y a eu les mêmes bacchanales à Saint-Roch. On doit procéder cette semaine à l'élection du curé de Saint-Sulpice, et, j'imagine, de tous ceux qui n'ont pas prêté le serment. On dit que les provinces se montrent plus revêches que Paris à l'exécution du décret. A Strasbourg, le maire et son écharpe ont été maltraités, pour avoir voulu renvoyer le chapitre : c'est le peuple qui en a fait justice. Dans la Bourgogne, ils ne veulent pas non plus du serment..... »

12 février 1791.

« Je ne t'écris qu'un petit mot aujourd'hui : 1º l'heure de la poste me presse ; 2º je vais monter à cheval avec la reine et le.... à ce triste bois de Boulogne. Mais il fait un si beau temps, que cela le rendra peut-être un peu plus gai. Je crois l'hiver tout-à-fait passé, et je m'en réjouis, autant que l'on peut prendre part au beau temps dans le château des Tuileries!

« Mes tantes partent de lundi en huit,

malgré toutes les motions faites au Palais-Royal et au club des Jacobins établi à Sèves. On dit qu'elles seront arrêtées et fouillées en chemin; c'est un petit mal auquel je ne crois pas. Je pense que cela a été beaucoup dit pour les effrayer et les empêcher de partir; mais heureusement on n'en est pas venu à bout. Je ne sais si je t'ai mandé que l'abbé M.... allait avec elles : il partira huit jours après. Pense un peu, mon cœur, aux angoisses où je serai, la première fois que je m'adresserai à un autre prêtre, moi qui ai toujours été à l'abbé M.... depuis l'âge de neuf ou dix ans; Je suis à peu près décidée : je crois que je prendrai le confesseur de Madame D..... On en dit beaucoup de bien, et j'espère qu'il n'est ni trop doux ni trop sévère. Je te manderai ce qui en est lorsque j'y aurai été. Je suis convaincue que tu enrages un peu dans le fond de l'âme, de ce que je ne pense pas à ton curé, et tu vas croire que c'est parce que je l'ai vu : non, point du tout; c'est tout simplement parce que je ne crois pas qu'il me convînt, et puis, dans ce moment, j'aime mieux avoir un confesseur dont on parle moins et que je puisse espérer de garder. Je te souhaite le bon soir, et t'embrasse. Je ne sais plus quand tu accouches : mande-le moi.

« Dis bien des choses au maréchal de ma part, et assure-le de l'estime que j'ai pour ses vertus. Parle aussi de moi à ta princesse. »

15 février 1791.

« J'ai reçu toutes tes lettres, ma pauvre R....; celle du 25 ne m'est parvenue qu'hier, et celle du 7 avant-hier. Mais avant que d'y répondre, il faut que je te demande mille fois pardon de ne t'avoir pas écrit depuis dimanche, pour te donner des nouvelles de ton curé ; mais, par étourderie, je me suis persuadée que la poste partait le dimanche, au lieu du lundi et jeudi. J'ai eu plusieurs choses à faire dans la matinée ; l'heure s'est passée, et je n'ai plus eu que la possibilité de me livrer à mes regrets. Mais aujourd'hui, je m'y prends à sept heures du matin, pour être bien sûre de n'y pas manquer. Lundi, je t'écrirai aussi ; mais je puis te dire d'avance qu'il ne se passera rien de fâcheux.....

« Je suis désolée de la peur indigne que vous a faite M. le B..... Nous sommes loin encore de toutes les idées qu'il t'a fait venir... Je suis bien fâchée d'être si loin de toi, et de ne pouvoir me permettre de causer comme je le voudrais ; mais, mon cœur, calme-toi. Je conçois que cette proposition paraisse difficile, mais cela est nécessaire. Tu te brûles le sang, tu te rends plus malheureuse encore que tu ne devrais : tout cela, mon cœur, n'est pas dans l'ordre de la Providence. Il faut se soumettre à ses décrets; il faut que cette soumission nous porte au calme; sans cela, elle n'est que sur nos lèvres et non dans notre cœur. Lorsque Jésus-Christ fut trahi, abandonné, il n'y eut que son cœur qui souffrit de tant d'outrages; son extérieur était calme et prouvait que Dieu était vraiment en lui. Nous devons l'imiter, et Dieu doit être en nous. Ainsi, mon cœur, calmez-vous, soumettez-vous, et adorez en paix les décrets de la Providence, sans vous permettre de porter vos regards sur un avenir affreux pour quiconque ne voit qu'avec des yeux humains. Mais heureusement vous n'êtes pas dans ce cas-là, et Dieu vous a trop comblée de grâces pour que vous ne mettiez pas votre vertu à attendre patiemment la fin de sa colère. Quant à moi, je suis loin d'être dans votre position. Je ne dirai pas que la vertu en soit cause; mais, plus à portée des consolations, au milieu de beaucoup de peines et d'inquiétudes, je suis calme et j'espère une éternité heureuse...... Quant à ce que tu me marques sur moi, crois, mon cœur, que je ne manquerai jamais à l'honneur, et que je saurai toujours remplir les obligations que m'imposent mes principes, ma position, ma réputation, et j'espère que Dieu me donnera la lumière nécessaire pour me conduire toujours sagement, et ne pas m'écarter de la voie qu'il m'a tracée. Mais pour juger de tout cela, mon cœur, il faudrait être près de moi. De loin, un acte de chevalerie enchante; vu de près, il n'est souvent qu'un mouvement de dépit ou de quelque autre sentiment qui ne vaut pas mieux aux yeux des gens sages.

« J'ai donné à Madame N.... la place de Madame de Cimery. Il m'en coûte beaucoup de lui voir prendre son service. Jusqu'à ce moment, il me semble que l'autre existe encore, et c'est une si grande perte pour moi, que je voudrais me faire illusion le plus possible. Madame N.... est celle de mes femmes qui me convient le mieux ; mais sera-t-elle Madame de Cimery ? Elle réunissait tout. Adieu, mon cœur, je vous embrasse bien tendrement, et vous souhaite calme, patience, résignation, courage et confiance.....

« Quant aux deux êtres que vous et d'autres redoutez tant, on a tort de les croire dans la position que l'on dit; cela n'existera jamais : mais j'avoue qu'ils ont toutes les apparences pour eux (1).

« On n'a point demandé d'augmentation de chevaux pour moi. Ce qui peut avoir donné lieu à ce qu'on vous a dit, c'est que je veux avoir toujours un page et un écuyer avec

(1) Deux députés du côté gauche, que l'excès du mal ramenait à de meilleurs principes, et qui avaient eu aux Tuileries des conférences pour concerter ce qu'ils voulaient ou pouvaient faire. Madame Élisabeth repousse les idées que la méchanceté voulait attacher à ces entretiens.

moi ; je trouve que cela doit être, et qu'il est indécent d'être avec des piqueurs dans ce moment-ci. »

24 février 1791.

« J'ai reçu des reproches de toi, que je ne puis me dissimuler que je mérite parfaitement. Il y a mille ans que je ne t'ai écrit, et t'en dire la raison me serait impossible, car je ne la sais pas moi-même. Mais aujourd'hui je ne veux pas manquer la poste ; ce qui fait que tu n'auras qu'un mot de moi. Mes tantes sont parties samedi un peu précipitamment, parce que les femmes qui nous ont amenés ici allaient les chercher, mais sont heureusement arrivées trop tard. J'espère qu'elles sortiront de France aujourd'hui, aussi paisiblement que possible. Avant-hier, on persuada au peuple que Monsieur voulait décamper dans la nuit ; en conséquence, sept ou huit cents personnes ont été au Luxembourg, pour lui demander ce qui en était, le tout très-poliment. Mais comme il devait venir au jeu, on l'a amené *en triomphe*, comme le 6 octobre....

« J'apprends dans l'instant que mes tantes sont arrêtées à Arnay-le-Duc, parce qu'elles ne se sont pas munies d'un passe-port de l'Assemblée. Quelle liberté que celle-là! On les garde le plus poliment du monde. Adieu ; l'heure de la poste me presse. Je t'embrasse. »

2 mars 1791.

. . . .

« J'ai reçu votre petite lettre. Je ne crois pas que jamais la personne dont vous me parlez ait eu l'intention qu'on lui prête vis-à-vis des autres. Elle a des défauts, mais je ne lui connais pas celui-là... Si D.... peut rompre les liaisons avec Calonne (1), en voyageant

---

(1) Madame Élisabeth connaissait l'éloignement de la reine pour M. de Calonne ; elle savait que le roi, après avoir beaucoup aimé ce ministre, avait changé d'opinion sur son compte, et avait été très-choqué de ce qu'il était venu joindre le comte d'Artois à Turin ; elle sentait que jamais la reine et le roi ne voudraient se concerter avec ce prince, tant qu'il aurait auprès de lui un ministre qu'ils avaient renvoyé. Sans examiner ici tout ce que l'on peut dire pour ou contre les grands talents et l'administration de M. de Calonne, il est certain que l'amitié que lui avait vouée le comte d'Artois, devait

d'un autre côté, et non pas précisément dans le même moment, cela ferait plaisir, j'en suis sûre ; et moi, je le désire vivement pour le bien de la personne que j'aime tant, et pour laquelle je vous avoue que je crains la liaison de Calonne. Ne dites pas cela à l'homme que vous avez vu ; mais vous pouvez le mander, sous le plus grand secret, à celle dont vous approuvez les idées, même pour les gens intéressés : je ne sais comment entrer en explication sur cela avec eux, et vous me ferez plaisir de vous en charger.

« Mes tantes sont toujours arrêtées à Arnay-le-Duc. Je ne sais quand cette plaisanterie finira. »

18 mars 1791.

« Je profite du départ de M. de Ch... pour te

alors céder à la saine politique, et que, lorsque le salut de l'État pouvait dépendre de son union intime avec le roi, il était imprudent d'arrêter cette union par un obstacle que le caractère de la reine devait faire regarder comme insurmontable. Madame Élisabeth aurait voulu prévenir tout ce qui devait en résulter, et elle en parle encore dans d'autres lettres.

dire mille choses. Je suis infiniment inquiète du parti que va prendre mon frère ; je crois que les conseils sages qui lui ont été donnés ne sont pas suivis. Le peu d'ensemble, d'accord qu'il y a dans toutes les personnes qui devraient être liées par un lien indissoluble, tout me fait frémir. Je voudrais ne voir dans tout cela que la volonté de Dieu ; mais je vous avoue que j'y mets souvent de la personnalité : j'espère que M. de Firmont (1) me fera atteindre, par ses conseils, à ce point si nécessaire pour se sauver. Vous jugez, d'après cela, que c'est lui qui a remplacé l'abbé M..., dans ma confiance. Je me suis confessée hier ; j'en ai été parfaitement contente. Il a de l'esprit, de la douceur, une grande connaissance du cœur humain : j'espère trouver en lui ce qui me manquait depuis longtemps pour faire des progrès dans la piété. Remercie le ciel pour moi, mon cœur, de ce que, par un trait particulier de sa Providence, il me l'a fait connaître ; et demande-lui que je sois fidèle à exé-

(1) Ce fut lui que Louis XVI demanda après son jugement.

cuter tous les ordres qu'il me donnera par cet organe.

« Tu penses bien que ta princesse a été embarrassée, d'autant qu'elle a éprouvé toutes les infortunes possibles. Imagine-toi que Madame N.... l'a fait entrer dans mon cabinet sans m'avertir. Je n'étais pas dans ma boîte ; nous sommes restés aussi sots l'un que l'autre à nous regarder, moi ne sachant que dire. Enfin, j'ai été chercher mon coqueluchon pour me tirer d'embarras, et je suis revenue me remettre dans mon confessionnal. Je n'ai pas été longtemps embarrassée, et je crois que je ne le serai plus.

« Je n'ai point de nouvelles à te mander d'ici ; tout est à peu près de même. Les méchants s'amusent à nos dépens ; les bons sont bêtes : la France est prête à périr ; Dieu seul peut la sauver ! j'espère qu'il le voudra.

« Je te remercie de l'avis que tu me donnes ! je sais tout ce que tu ne m'as pas dit, et j'en suis bien aise, parce que je puis rendre justice à la personne dont tu me parles. Elle n'a pas varié un instant de sentiments, tu peux m'en croire ; je ne suis point aveuglée sur elle, et n'ai aucune raison pour l'être. Je trouve qu'elle s'est trompée dans une occasion. Cela me prouve ce que je savais déjà: c'est que l'on arrange quelquefois sa religion à sa commodité, et que, dans tout ce que l'on fait, il est bon de consulter ceux que le ciel nous a donnés pour guides spirituels. Moi-même, j'ai été éblouie, dans le premier moment, de l'idée que d'autres lui avaient communiquée; car elle ne vient pas d'elle : mais, en ayant parlé à une personne, j'ai vu que le sentiment maternel l'avait égarée. Cependant je te dirai que tout le monde ne pense pas ainsi, et qu'il en est, parmi ceux que j'ai consultés, qui n'auraient trouvé rien à redire à cette démarche, par plusieurs raisons que je ne peux t'expliquer dans ce moment-ci, parce que cela serait trop long; mais, mon cœur, pour répondre aux sentiments que tu m'as montrés en m'avertissant, et dont j'ai été sincèrement touchée, je te demande en grâce de te prémunir contre l'exagération qui règne dans les têtes qui sont loin de ce pays-ci. La possibilité de parler franchement et de ne juger le royaume que par les individus que l'on voit, fait que, sans s'en apercevoir, on s'échauffe la tête à un excès incroyable, et (1) qui, je vous l'avoue, me fait frémir pour les suites. Adieu ; je t'embrasse et t'aime. Dis à ton mari de me donner de tes nouvelles, lorsque tu seras accouchée... Dis aux parents du jeune Cham..t. (2) qu'il s'est conduit à merveille ; que ses sentiments sont excellents et qu'il a eu beaucoup de prudence. En tout, celle des pages me confond toujours. »

21 mars 1791.

« Malgré le désir extrême que j'avais que vous connussiez le mal de dents, je ne puis me réjouir, mon cœur, que vous ayez souffert

---

(1) Toute cette lettre est pleine de sens, de prévoyance et de justesse d'esprit.

(2) C'est celui dont il est parlé dans la lettre du 18 mars. Ce jeune homme sortait alors des pages, et, depuis ce moment, sa conduite a toujours répondu au jugement que Madame Élisabeth en avait porté : partout où il a été, il a inspiré la confiance et mérité l'estime. C'est bien encore là une preuve que Madame Élisabeth avait un tact sûr, qualité essentielle dans les princes.

pendant deux jours. Je voudrais bien vous savoir débarrassée de votre paquet ; car il me semble qu'il vous pèse horriblement. Vous aurez une fille : vous avez trop mal au cœur pour que cela soit autrement ; cela vous fera de la peine, mais comme vous promettez une heureuse fécondité, ce sera un objet de consolation pour vous. Je vous ai écrit comme vous le désirez ; mais vous n'aurez pas ma lettre de sitôt. Vous pouvez être sûre que je ferai la commission que vous me donnez ; je voudrais être sûr qu'elle aura d'heureuses suites.

« Nous voilà dans des angoisses terribles : le bref du pape paraîtra ces jours-ci, et la vraie persécution s'établira peu de temps après. Cette perspective n'est pas des plus agréables ; mais comme on nous a toujours dit qu'il fallait vouloir ce que Dieu veut, il faut se réjouir. Au fait, lorsque nous saurons bien ce que nous aurons à faire, cela sera beaucoup plus commode, parce qu'il n'y a plus de ménagements à garder avec personne. Quand Dieu parle, un catholique ne connaît

que sa voix : demande-lui, mon cœur, qu'il
me donne toute la force dont j'ai besoin.
Quoique ma position me mette moins dans le
cas qu'un autre de souffrir de tout cela, j'ai
toujours un grand besoin qu'il ne m'abandonne pas ; mais demande-lui surtout d'éclairer les gens qui me sont chers. Il paraît une
lettre du pape à l'archevêque de Sens: elle est
parfaite. Je t'enverrai tout cela à la fois. Au
reste, ton confesseur est toujours plein de
force, de foi et d'espérance ; je suis fort contente de ma nouvelle connaissance.

« Le roi va bien : il est sorti hier, c'est-à-dire qu'il a été à la messe. S'il eût fait beau
ce matin, il aurait été en voiture comme les
vieilles gens ; mais il fait un indigne ouragan,
et il pleut très-joliment de temps en temps.

« Tout est toujours tranquille ici ; seulement hier et avant-hier, il y a eu quelques
indécences dans les églises : à Saint-Roch,
pour le tableau des confesseurs, et à Saint-Sulpice, des propos contre le curé, qui a fait
un prône superbe. Adieu, mon cœur, je vous
embrasse, je vous aime ; je voudrais que vous

missiez un peu d'opium dans votre sang, pour qu'il pût ne pas se bouleverser avec autant de facilité sur tous les événements que l'on peut prévoir à présent, puisqu'il y a si longtemps que nous sommes accoutumés aux mouvements populaires. »

28 mars 1791.

« Je ne viens que d'être avertie du départ de M. P...., ainsi tu n'auras qu'un mot de moi. Je te dirai que j'ai la mort dans l'âme de penser que peut-être, d'ici à quinze jours, la religion sera bannie de France. Voilà l'usurpateur de Paris installé d'hier: nous voilà livrés à la persécution, et lorsqu'on regarde autour de soi, qu'y voit-on? rien de consolant; toujours des regrets, toujours de bons mouvements: mais voilà tout. Enfin Dieu est tout-puissant; Dieu peut d'un moment à l'autre changer nos larmes en cris d'allégresse. Ah! s'il voulait faire un miracle en notre faveur et rétablir la religion! Mais le méritons-nous? Les Ninivites firent pénitence; ils se couvrirent de cendres: nous, nous nous désolons, mais nous n'avons pas recours à Dieu, comme un enfant se jette dans les bras de son père. Nous cherchons encore de la consolation dans nos semblables : hélas ! l'expérience devrait bien nous faire voir qu'il n'y en a point à espérer. Cependant, mon cœur, ne nous laissons point abattre ; servons Dieu avec plus de ferveur que jamais ; prouvons-lui qu'il est des cœurs qui ne sont point ingrats : qui plus que nous doit l'aimer et le montrer hautement?

« L'affaire de la religion à part, nous sommes toujours dans la même position. On va, je crois, décréter que le roi ne sera inviolable que tant qu'il sera dans le royaume, et qu'il résidera dans l'endroit où sera l'Assemblée ; elle a été indigne l'autre jour sur cela.

« Je suis toujours fort contente de ma nouvelle connaissance : elle veut connaître à fond ce que l'on pense, et ce n'est point une connaissance sèche ; elle aide beaucoup à se corriger...... Je t'avoue que je ne suis pas fâchée d'avoir été forcée de changer. Dieu en cela, comme en tout, m'a prévenue de grâces : mais quel compte n'aurai-je pas à rendre?

« Adieu, ma petite; je t'embrasse, je t'aime, je te souhaite une heureuse couche; je te demande en grâce de te bien ménager, de ne rien exagérer pour ton enfant : c'est un dépôt et une consolation que le ciel t'envoie. Fais-moi donner exactement de tes nouvelles. Je t'embrasse encore de tout mon cœur. »

3 avril 1791.

« Les curés intrus sont établis ce matin. J'ai entendu toutes les cloches de Saint-Roch. Je ne puis vous dissimuler que cela m'a mise dans une fureur affreuse, et puis je ne suis pas contente de moi. J'aurais dû me piquer de dévotion aujourd'hui, pour au moins réparer un peu tout ce que l'on fait contre Dieu : ne voilà-t-il pas qu'au lieu de cela, j'ai été pis qu'une bûche! Je ne sais pas comment le bon Dieu fera pour me sauver, car je ne m'y prête guère. Le curé de Saint-Roch a dit ce matin sa messe à cinq heures et demie; il y a eu beaucoup de communions : il a fait un fort beau discours, où il a parlé de la persécution. Les gens qui communiaient, étaient fort tou-

chés. Sais-tu que Lo.... est devenu un petit saint? Cela me fait plaisir; c'est là le fruit de la charité qu'il a exercée toute sa vie. Sais-tu que M. de Be.... va à confesse au curé, et qu'il est dans la grande voie? Cela me fait encore bien plaisir. Tout ceci fait rentrer bien des gens en eux-mêmes. Je vois tout ce qui est répandu dans la bonne compagnie penser à merveille. J'ai causé l'autre jour avec M. de Nivernois sur la religion, et j'en fus parfaitement contente. Madame de M... est devenue très-pieuse. La petite de M.... va à merveille : mais, malheureusement, le peuple et le bourgeois ne vont pas si bien. Il y en a beaucoup qui sont affligés; mais ce qui paraît, ce qui fait nombre, est bien mauvais. . . . .
Je suis contente de mes gens. Des..... est charmant. Il y en a dans le nombre qui ne sont pas aussi parfaits : mais celui-là est vraiment distingué. Mademoiselle B... M. de Bl... tout cela est parfaitement. C'est une grande jouissance pour moi. Je ne puis penser sans frémir à la quinzaine de Pâques. Je voudrais bien ne point la passer ici : mais peut-on s'en

flatter? Ah! mon cœur, vous avez beau grogner; votre grossesse vous a procuré un grand bonheur, en vous éloignant du schisme et de la division la plus affreuse.

« Je suis bien fâchée que tu souffres autant des dents. N'aurais-tu pas besoin d'être saignée? tu ne l'as pas été, je crois, depuis que tu es grosse : comme tu as un travail difficile, ne ferais-tu pas bien de prendre cette précaution? Je ne demande pas mieux de tenir ta petite. Si tu veux, je lui donnerai le nom d'Hélène. Si tu voulais accoucher le 3 de mai (1), à une heure du matin, cela serait très-bien, pourvu pourtant que cela lui promette un avenir plus heureux que le mien : qu'elle n'entende jamais parler d'états généraux, ni de schisme.

« Mirabeau a pris le parti d'aller voir dans l'autre monde si la révolution y était approuvée. Bon Dieu! quel réveil que le sien! On dit

---

(1) Jour de la naissance de Madame Élisabeth.
Comme toutes ces petites recherches de l'amitié sont bonnes, simples, touchantes! Il n'y a ni étude, ni contrainte; c'est un cœur plein, qui a besoin de s'épancher.

qu'il a vu une heure son curé. Il est mort avec tranquillité, se croyant empoisonné : il n'en avait pourtant pas les symptômes; au reste, il doit être ouvert aujourd'hui. On l'a montré au peuple après sa mort : beaucoup en sont fâchés ; les aristocrates le regrettent. Depuis trois mois, il s'était montré pour le bon parti; on espérait en ses talents. Pour moi, quoique très-aristocrate, je ne puis m'empêcher de regarder sa mort comme un trait de la Providence sur ce royaume. Je ne crois pas que ce soit par des gens sans principes et sans mœurs que Dieu veuille nous sauver. Je garde cette opinion pour moi, parce qu'elle n'est pas politique (1); mais j'aime mieux mille fois celles qui sont reli-

---

(2) Madame Elisabeth avait raison de dire que cette opinion n'était pas politique ; mais il n'en est pas moins vrai que, dans presque toutes les révolutions, c'est par des révolutionnaires (convertis ou achetés) que l'on a réparé le mal qu'ils avaient fait. Il est aussi certain que Mirabeau est mort au moment où il voulait empêcher la ruine de la monarchie ; mais, après avoir eu tout pouvoir pour faire le mal, aurait-il eu celui de faire le bien? C'est ce dont ont douté des personnes qui avaient bien observé les circonstances.

gieuses. Je suis sûre que tu seras de mon avis.

« La pauvre La... va encore éprouver un chagrin : son frère est nommé à D.... et va partir dans trois mois avec sa femme et ses enfants. Cela mettra un grand vide dans son intérieur, et quand il est aussi triste par lui-même, c'est un vrai malheur.

« M. D'.... vient passer quelques jours ici. Je le verrai aujourd'hui ; cela me fait bien plaisir. Tu m'avais promis de me donner de tes nouvelles ; mais tu n'en as rien fait.

« J'ai reçu par une voie sûre des nouvelles de B... mais, mon cœur, sur cela, comme sur tout le reste, abandonnons-nous à la Providence. Hélas ! si nous avions la confiance nécessaire, nous serions sauvés ; notre âme ne serait pas triste. Que j'en suis loin ! Il me semble que l'air de Trèves n'est pas plus porté à la gaieté que celui-ci. Résignons-nous, cela seul peut fléchir la colère de Dieu, et demandons pour nos maîtres les dons du Saint-Esprit. De bonnes âmes se réunissent au nombre de sept, d'ici à Pâques, pour demander chacune un don pour le roi, dans les communions qu'elles font, ou à la messe. Si tu pouvais établir cette dévotion dans les bonnes âmes qui habitent Trèves, tu ferais bien.

« Adieu, je t'embrasse. Le jeune Ch..... est-il arrivé à bon port? »

17 avril 1791.

« Nous avons eu une petite scène hier, mon cœur : le roi voulait partir pour Saint-Cloud ; mais la garde nationale s'y est opposée, et si bien opposée que nous n'avons pu passer la porte de la cour. On veut forcer le roi à renvoyer les prêtres de sa chapelle, ou à leur faire faire le serment, et à faire ses pâques à la paroisse. Voilà la raison de l'insurrection d'hier : le voyage de Saint-Cloud en a été à-peu-près le prétexte. La garde a parfaitement désobéi à M. de la Fayette et à tous ses officiers : heureusement il n'y a point eu de malheur. Nous nous portons tous bien. J'ai fait mes pâques hier ; ainsi je suis tranquille sur cet article. Adieu ; je n'ai pas le temps de t'en dire plus long ; sois bien tranquille sur mon compte, il n'arrivera rien de tout ceci. Je t'embrasse de tout mon cœur.

« Le roi a parlé avec force et bonté, et s'est parfaitement montré. »

23 avril 1791.

« J'ai reçu ta lettre; mais je ne répondrai pas encore, et pour cause: nous sommes tranquilles; mais nous achetons bien cher notre tranquillité. Quant à moi, mon cœur, fidèle jusqu'à cet instant à mes devoirs et à mes principes, je vis dans l'espoir que Dieu me donnera la grâce de ne jamais varier. J'éprouve depuis hier un calme qui ne peut venir que de Dieu, et qui devrait m'engager à le servir plus fidèlement; mais sur cela j'ai toujours bien des reproches à me faire. Je comptais avoir le bonheur de communier le jeudi saint et le jour de Pâques; mais les circonstances m'en ont privée: j'ai craint d'être cause d'un mouvement dans le château, et que l'on pût dire que ma dévotion était imprudente; chose que je désire éviter par-dessus tout, parce que j'ai toujours cru que c'était le moyen de la faire aimer. Une petite incommodité me fera passer ces trois jours-ci dans ma chambre; n'en prends pas la moindre inquiétude…… On répand dans Paris que le roi va demain à la grand'messe de la paroisse ; je ne pourrai me résoudre à le croire que lorsqu'il y aura été. Dieu tout-puissant, quelle juste punition réservez-vous à un peuple aussi égaré !

« Adieu, mon cœur; j'espère que vous êtes heureusement accouchée ; je vous embrasse et vous aime de tout mon cœur. »

Sans date.

« Je trouve les réflexions que tu fais parfaitement justes; il faut se bien garder des extrêmes dans toutes ses opinions : aussi suis-je loin de penser que d'être attachée aux gens que j'aime, soit un titre exclusif pour parvenir à des places, surtout lorsqu'on réunit des qualités, une bonne conduite, et une tournure dans le monde, qui, sans être distinguée, soit pourtant celle de tout le monde; car je t'avoue que j'y tiens un peu; mais aussi je trouve qu'il faudrait ou une égalité parfaite dans le mérite que je désire, ou une grande distinction, pour être un véritable titre de préférence. En tout, je veux que la justice seule conduise mes choix ; je dirai même plus, je veux qu'elle l'emporte sur le désir que je pourrais avoir de préférer telle personne à telle autre, et que l'amitié lui cède toujours. Une amitié désintéressée est la seule qui me touche (la tienne étant de ce genre, j'en cause librement avec toi) : je sens bien que dans ma position (d'autrefois), on pouvait employer mon crédit pour obtenir quelques faveurs ; je m'y prêtais avec zèle : mais, quant à tout ce qui tient à une place du genre de celle dont tu me parles, je trouve que l'attachement vrai et dénué d'intérêt, de fortune brillante, est le seul qui puisse faire droit vis-à-vis de moi. Je ne m'attends pas à rencontrer ces qualités et cet attachement dans un étranger : aussi dans celui-là ne rechercherai-je que l'esprit, les principes et la tournure qui me convient ; je le paierai dans la même monnaie que lui, et n'envisagerai que mon intérêt dans le choix que je ferai, quitte après à m'attacher par des raisons plus solides.

« Adieu, mon cœur; cette petite L.....
arrive, je te quitte; mais ce ne sera pas sans
t'embrasser de tout mon cœur: elle me charge
de te dire que tu es paresseuse. »

24 janvier 1791.

« Je ferai votre commission, Mademoiselle;
vous aurez des crayons, et peut-être des dessins; mais ce que je puis vous assurer, c'est
que vous n'aurez pas tout cela de sitôt, car
j'ai à peine le temps de respirer. Ce dîner à
une heure et demie rend la matinée si courte,
qu'il ne reste que le temps de tourner dans sa
chambre, et un peu de prier le bon Dieu; ce
qui, par parenthèse, va bien mal aujourd'hui:
ainsi ayez la bonté de prier pour moi.

« Votre mari doit être avec vous; je vous
en fais mon compliment, et j'en suis d'autant
plus aise, que j'espère qu'il vous décidera à
faire venir M. P.......: ce serait une économie
bien mal placée et dangereuse pour un état
dont vous ne pouvez pas faire les honneurs.
La pauvre Bombelles va être réduite à bien
peu de chose; je ne comprends pas comment

elle fera avec ses quatre enfants: la Providence en aura soin. Adieu; nous sommes tranquilles; je t'embrasse. »

28 janvier 1791.

« J'ai reçu ta seizième lettre, ma pauvre R....: je suis charmée que ton extérieur soit calme; mais je voudrais, pour ton bonheur, que ton cœur le fût de même, ce qui ne laisse pas que d'être difficile: enfin, mon cœur, ta ferveur me fait espérer que cela viendra. Tu as raison de mettre toute ta confiance en Dieu: lui seul peut nous sauver. On commence une neuvaine pour le sacré cœur de Jésus-Christ: je crois que L.... te l'a déjà envoyée; mais de peur qu'elle ne l'ait oublié, je pourrai bien te la renvoyer. On fera aussi celle de la Sainte-Vierge pour le 10 du mois prochain. Il y a de bien bonnes âmes qui prient: Dieu se laissera peut-être fléchir. Ton curé, ni ses prêtres ne sont point partis; ils ont seulement quitté leur logement.

« Nous avons eu hier du train dans plusieurs endroits de la capitale. A Saint-Antoine, on voulait pendre un homme que l'on a presque tué; à Saint-Germain, on voulait brûler la maison de M. de C...., à cause de ce club monarchique. Aujourd'hui tout est fini. Adieu; je n'ai pas le temps de t'écrire plus longuement: je t'embrasse de tout mon cœur. »

5 février 1791.

« Je t'envoie les crayons que tu m'as demandés, et j'y ajoute des petits livres tout nouveaux, qui te feront peut-être plaisir, et puis deux cachets qui te conviennent fort bien. Ton mari m'a donné de tes nouvelles et des siennes, qui, je l'avoue, m'ont fait grand plaisir; car il y a environ deux mois que je les attendais; je voudrais qu'il m'en donnât encore une fois. Demande-lui pardon du laconisme avec lequel je lui ai écrit. Comme il y a à parier qu'il n'a pas reçu ma première lettre, cette manière devient doublement malhonnête; mais j'étais ou fatiguée ou pressée. Adieu; nous n'avons pas eu de tapage depuis huit à dix jours; je t'embrasse. B...., se plaint de n'avoir pas de tes nouvelles depuis longtemps. »

11 mars 1791.

« J'ai reçu ta lettre, elle ne me fait pas grand plaisir ; je ne sais rien de ce que tu me dis. Depuis longtemps je n'avais point eu de nouvelles détaillées, et ce n'était qu'à force d'esprit que j'étais au courant. Cependant j'approuverais tout ce que tu me mandes, si tu pouvais entrer un peu en détail. Si ton mari est avec toi, qu'il écrive sous ta dictée, parce que cela te fatigue. Est-ce que tu n'as point reçu mes crayons ? Le roi est malade depuis huit jours : la scène de lundi y a bien contribué. »

6 mai 1791.

« Je ne t'écris qu'un mot, pour te dire que si tu m'écris simplement pour mander que tu n'es pas accouchée, cela n'en vaut pas la peine. Vous voyez bien, mon cœur, que lorsqu'une chose coûte beaucoup, il faut s'en débarrasser le plus promptement possible. Mets donc au monde la belle Hélène, et, lorsqu'elle y sera, soigne-la bien. N'exagère rien, et dans tout ce que tu feras pour elle, tâche de voir si c'est la volonté de son créateur, et de ne t'y attacher que comme à un dépôt qu'il a mis entre tes mains, mais qui lui appartient bien plus qu'à toi.

« Voilà L.... qui part avec sa belle-mère, pour joindre ton curé ; je crois qu'elle fera connaissance avec lui : je ne sais trop s'il lui conviendra. Sur ce, je te souhaite le bon soir, et t'embrasse. Tu auras de mes nouvelles plus longuement, quand je pourrai t'en donner. »

Mai 1791.

« J'ai reçu ta lettre ; elle m'a fait grand plaisir. Croyez, mon cœur, que je suis moins malheureuse que vous ne vous figurez : ma vivacité me soutient ; et dans les moments de crise, Dieu m'accable de bonté. J'ai bien souffert dans la semaine sainte ; mais une fois le moment passé, je me calme... Plus le moment approche, et plus je deviens, comme toi, de la plus grande incrédulité. Cependant les nouvelles de mon frère sont satisfaisantes. Tout le monde dit que les principautés s'intéressent pour nous : je le désire vivement, et peut-être trop vivement. Mon grand défaut est de ne savoir profiter ni des biens ni des maux de ce monde : cela viendra peut-être. Je suis dans mes veines de maussaderie vis-à-vis de Dieu : ainsi parle-lui de moi tant que tu pourras. J'attends avec impatience la nouvelle de la naissance de Mademoiselle Hélène : tu me feras dire si tu l'aimes un peu. Non, mon cœur, ce ne serait pas une consolation pour moi que tu fusses ici ; j'aime mieux te savoir en sûreté : tu ne vivrais pas vingt-quatre heures avec la vivacité dont le ciel t'a douée, et ta nourriture. J'aime bien mieux que tu la fasses paisiblement, autant qu'il est possible. Dans tout autre temps, je n'en dirais pas autant ; car tu sais bien que je t'aime de tout mon cœur. Aussi entre-t-il bien dans mon plan, si jamais nous nous éloignons d'ici, que tu viendrais me rejoindre. Adieu ; je t'embrasse.

« Je t'envoie un tout petit mot pour le jeune C...., comme tu me le demandais. L.... va me dire adieu, elle part cette nuit ; elle est bien affligée de s'éloigner, et moi bien touchée des sentiments qu'elle me témoigne. Je sens qu'elle me manquera souvent. Qui me manquera aussi bien souvent? c'est T..... Mais Dieu veut être mon seul guide, mon seul conseil; que pourrais-je désirer davantage? Je suis toujours charmée de ma nouvelle connaissance : j'en avais un besoin urgent, je crois te l'avoir déjà mandé; mais ne t'étonne pas de mon rabâchage. »

Mai 1791.

« Je profite du départ de D... pour te parler à mon aise; les nouvelles que tu m'as données, celles que je reçois, toutes sont satisfaisantes : mais cependant il reste encore bien des inquiétudes sur leur réussite. Il me paraît que notre cour est assez mal informée de la politique des cabinets de l'Europe. J'ignore si c'est défiance pour elle, ou si en effet nous nous flattons trop. Je t'avoue que, si je vois arriver la fin du mois sans que rien paraisse, j'aurai besoin de beaucoup de résignation à la volonté de Dieu, pour supporter l'idée de passer tout l'été comme celui de 1790, d'autant que le mal empire pendant ce temps-là, que la religion s'affaiblit, que ceux qui lui restent attachés partent pour les pays où elle subsiste encore. Que deviendrait-on, si le ciel ne se laissait pas fléchir? On a rendu un décret avant-hier pour faire croire au peuple que l'on est libre d'exercer telle religion que l'on voudrait; mais, dans le fait, il nous laisse dans la position où nous étions depuis trois semaines : seulement, peut-être, pourra-t-on acheter une église sans être fouetté; voilà ce que nous pouvons espérer de mieux. Au reste, je ne suis point gênée pour mes dévotions : aussi, je désire beaucoup ne pas aller à Saint-Cloud. Tu sais que je suis bête d'habitude : il me serait désagréable de me faire dire la messe à sept heures du matin dans la chapelle de Saint-Cloud. J'aime mieux crever de chaud dans mon triste appartement, et entendre crier le *Postillon* et la *Lettre de M. de M....* quoiqu'elle ait l'heur de m'impatienter beaucoup. Nous prenons si peu de précautions, que je crois que nous serons ici lorsque le premier coup de tambour se fera entendre. Si les choses sont menées sagement, je ne crois pas qu'il y ait un vrai danger. L.... T.... S...., tout cela, dans moins d'un mois sera loin d'ici : chacun est forcé par les circonstances; je voudrais bien l'être aussi.

« Je suis toujours enchantée de ...... Je ne suis pas animée d'un aussi beau zèle que vous étiez l'année passée ; mais je sens que j'avais bien besoin de m'adresser à quelqu'un qui secouât (comme tu dis) mon âme. Je vois que, toute parfaite que je me croyais, j'aurais pour le moins passé quelques siècles dans le purgatoire, si le ciel n'y avait mis ordre; mais heureusement il m'a adressé à un directeur doux sans être faible, instruit, éclairé, me connaissant déjà mieux que moi-même, et qui ne veut pas me laisser croupir dans ma langueur. C'est pour le coup, ma petite, que j'ai besoin de prières; car, si je ne profite pas de la grâce que Dieu m'a faite, j'aurai un terrible compte à rendre. J'ai bien du regret de ne l'avoir pas plus tôt connu; car, s'il faut le quitter bientôt, je me trouverai bien désappointée. J'espérais, lorsque ton curé est parti, qu'il irait te rejoindre; cela eût été une grande consolation pour toi. Dieu te veut à lui par la voie des tribulations, tu ne peux en douter: il faut dans tout lui être fidèle. Voilà le grand point; car plus on vit dans ce monde, plus on doit croire à une éternité.

« Quatre-vingt-neuf (1) et tout ce qui s'ensuit, va se joindre aux Jacobins: si c'est pour un bien, tant mieux; mais je crois que, malgré la nullité de Quatre-vingt-neuf, il valait mieux séparé qu'il ne pourra faire de bien réuni. Tu sais que M. de C.... a été poursuivi par le peuple, et a couru vraiment des dangers pour l'affaire d'Avignon. Delphine (2) a été, dans cette occasion, courageuse, simple, et pleine de confiance en Dieu. Elle était vraiment touchante: tu n'en seras pas étonnée; car il est impossible d'avoir un plus heureux caractère. Adieu; ta sœur ne part que dans trois jours. S'il y avait quelque chose de nouveau, je l'ajouterais; mais je n'ai pas voulu attendre au moment pour t'écrire, craignant de n'en avoir pas le temps. »

(1) Club qui était alors connu sous ce nom.
(2) Mademoiselle de S...., alors Madame de Clermont-Tonnerre, aujourd'hui Madame de Talaru.

25 mai 1791.

« Dites donc sérieusement, mon cœur, voilà qu'il est prouvé que vous vous êtes trompée, et que vous êtes à peine dans votre neuf. Je vous assure que, si vous ne nourrissiez pas, je vous aurais bien priée de revenir : car je suis dans un dénuement de dames qui est prodigieux ; et toutes ont de si bonnes raisons, qu'il m'est impossible de les refuser. Il n'y a que Madame T... qu'à la rigueur je pourrais bien supplier de revenir ; mais je n'en ai pas le courage : c'est ce qui fait que j'ai prié Madame de F... d'être ici les premiers jours de septembre. Je ne sais pas encore si cela aura du succès : je lui avais demandé de ne pas partir ; mais elle m'a donné de si bonnes raisons qui ont rapport au maréchal, qu'il m'a été impossible de la retenir. Je te dis tout cela pour que, dans le temps, tu dises à ses parents qu'il faut qu'elle revienne. Tu vois par tout ce détail que je n'ai rien à répondre à ta lettre ; la dernière que je t'ai écrite, te mettra au fait de tout. Ainsi laisse-moi là jusqu'à ce que je t'en reparle.

« Je suis très-peu en relation avec la personne dont tu me parles : je sais seulement qu'elle est toute pleine d'espérance, et qu'elle me sollicite aussi d'écouter M. de J...; mais je n'écouterai que ce que je croirai être de mon devoir. Malgré la demande de la municipalité d'Avignon, peut-être le laisserons-nous au Pape; cela ne serait-il pas d'une probité surprenante ! Pour récompense, les sans-culottes ont voulu jeter un pauvre curé dans le bassin, parce qu'il disait qu'ils n'auraient pas plus Avignon que de constitution. Ce propos est inconstitutionnel, mais par-dessus tout imprudent; aussi le lui a-t-on fait voir : mais la garde l'a sauvé. Les marchands renvoient leurs ouvriers, parce qu'ils n'ont plus d'argent pour les payer. Cela se passe tranquillement; mais cela va faire des voleurs de grand chemin.

« Comment va ta belle-sœur ? Quand est-ce qu'elle accouche ? Toutes ses filles sont-elles avec elle ? Cela vous gêne-t-il beaucoup pour vos pratiques de dévotion ?

« Votre homme d'affaires, je crois, mérite votre confiance; j'en ai entendu parler dernièrement de la manière la plus satisfaisante (1). Je suis étonnée de sa lenteur, car il est vif; mais la prudence dont il est pénétré, surtout pour ceux qui ont confiance en lui, lui fait mettre de la réflexion dans tout ce qu'il fait, à ce que l'on m'a encore assuré; c'est peut-être de là que vient le défaut dont vous vous plaignez. On m'a dit aussi que les gens à qui il a affaire pour votre acquisition, n'étant majeurs que dans environ deux mois, il ne terminera le marché que dans ce moment. Adieu; je t'embrasse et t'aime de tout mon cœur. »

Mai 1791.

« Tranquillisez-vous, ma chère R..., votre amie n'est point dans l'état violent où vous la voyez. Je ne vous dirai point qu'elle ne soit extrêmement affligée; mais elle roule son existence comme elle la roulait l'année passée. Elle ne sort pas de Paris; mais elle va pro-

(1) Ceci a rapport au comte d'Artois, et au désir qu'elle aurait eu qu'il jouât un rôle dans les événements dont elle attendait le succès.

mener tant qu'elle veut. Sa santé est bonne ; elle a la possibilité de s'occuper sans trop de dégoût : enfin, elle est aussi heureuse que possible dans sa position. Ne vous tourmentez donc pas pour elle ; car vous voyez que cela n'en vaut pas la peine.

« J'ai bien ri de ton expression sur le départ de Madame de F...; elle est parfaitement juste. Celui de L... m'a fait plus de peine ; je t'avoue pourtant qu'elle était tellement dans l'impossibilité de rester, et elle m'en a montré un regret si sincère, que mon sentiment en a été satisfait, et qu'il ne me reste que la privation de cette ressource à sentir. Si j'en savais profiter pour Dieu, tout cela avancerait bien un peu mon purgatoire ; mais je ne sais pas si je n'éprouve pas le contraire : tout ce que je sais, c'est que Dieu me fait bien des grâces, et que, si tu m'aimes, tu dois l'en remercier pour moi. Je suis toujours charmée de ..... Quelle différence ! Si je l'avais vu plus tôt, je t'avoue que je serais plus empressée à adopter les idées de M. de J...: mais il me semble que Dieu ne m'ayant fourni cette ressource qu'au dernier moment, c'est me marquer sa volonté d'une manière positive, et tant que la Providence me le permettra, je suivrai la route par laquelle j'ai été menée jusqu'à ce moment. Cependant, comme cette personne est assez de l'avis de M. de J...., tu peux être bien sûre que je ne ferai rien d'exagéré, et dans trois semaines je t'en dirai davantage: mais n'en parle à personne.

« J'entends toujours la messe, et je communie comme à l'ordinaire: je suis fort tranquille sur tout cela, et j'ai lieu de croire que cela durera; Dieu le veuille! Adieu, ma petite; je t'aime et t'embrasse du plus tendre de mon cœur. Dis mille choses de ma part à Hélène. Mais dépêche-toi donc d'accoucher; je m'ennuie de dire tous les jours un *Sub tuum* pour toi. »

29 mai 1791.

« Je suis charmée, ma chère R....., de vous savoir accouchée, et aussi heureusement; Hélène m'est doublement chère, puisqu'elle ne vous a pas fait souffrir plus longtemps.

J'espère, à présent que je vous écris, que vos tranchées sont passées, et que vous n'avez pas souffert en donnant à téter. Ménagez-vous bien, mon cœur; ne vous tourmentez pas des événements présents et à venir. Dieu, qui, malgré les maux dont il nous accable, ne cesse de veiller sur ce royaume, ne permettra pas qu'il arrive plus de malheurs. Tout est tranquille. M. de F.... vous donnera tous les détails que vous pouvez désirer sur cela: ainsi je m'en dispenserai; je me contenterai de vous parler de ce qui m'intéresse personnellement.

« Je suis très-contente de .... (1): vous savez qu'il me suffit de savoir si l'on se conduit bien, pour que mon amitié soit satisfaite. J'ai vu ces jours-ci une personne revenant de la province qu'il habite: j'en suis parfaitement contente; mais je ne crois pas encore que ses nouveaux amis lui permettent de venir me joindre d'ici à six semaines, leurs affaires n'étant pas encore terminées: mais elles sont en très-bon chemin..... Quant à votre amie,

(1) Même observation que dans la note précédente.

plus elle avance, moins elle croit devoir suivre vos désirs (1); les raisons qu'elle vous a mandées, mille réflexions qui s'y mêlent, la persuasion d'une vraie tranquillité, tout est contre vous.

« Adieu, mon cœur; je vous embrasse, je vous aime : je voudrais pouvoir vous soigner, et voir par moi-même si vous éprouvez les consolations que mon cœur vous désire, et que vous méritez. Aimez-moi toujours, et donnez-m'en la preuve en ne vous tourmentant point, et en soignant votre petite avec le calme que donnent la grande confiance en Dieu et l'abandon que tout bon chrétien doit à la Providence. Embrassez-la de ma part, et remerciez votre mari de m'en avoir donné des nouvelles; priez-le de continuer. L... n'a pas pu faire la connaissance qu'elle désirait ; et j'en suis fâchée, car j'ai peine à croire que

---

(1) Madame Élisabeth, malgré les instances de toutes les personnes qui s'intéressaient à sa conservation, persistait à ne point quitter le roi, et, comme elle le dit dans la lettre précédente, *à suivre la route par laquelle la Providence l'avait menée jusqu'alors.*

celui qu'elle a pris lui convienne: cependant, comme c'est Dieu qui l'a voulu, il y a à parier qu'elle y trouvera tout ce qui sera nécessaire. »

4 juin 1791.

« Cette occasion vient à propos, mon cœur, pour que je vous grogne bien à mon aise. Je m'étais déjà bien reproché ce que je t'ai mandé (1); mais je m'en repens bien plus depuis que cela t'a fait venir l'idée la plus folle qu'une personne sensée puisse avoir. Quoi! parce que je te marquais que, si tu ne nourrissais pas, je te prierais de venir, tu en conclus qu'il faut que tu hasardes ta fille et toi dans ce triste pays! Mais, mon cœur (2), comment pouvais-tu imaginer que je pusse souffrir une telle folie? Je t'ai écrit dans un moment où je venais d'être obsédée par B. et F., qui toutes deux voulaient partir. Tout est arrangé: la première restera jusqu'au retour de

(1) *Voyez* le commencement de la lettre du 25 mai 1791.

(2) Cette lettre peint parfaitement ce qui se passait dans l'âme de ces deux véritables amies.

l'autre; ainsi je ne serai pas seule. Sois bien
tranquille; et si pareille idée te revient dans la
tête, dis-toi bien que ton devoir envers Dieu,
ton mari, ta fille et moi, te retient. Que voudrais-tu que je fisse, s'il arrivait la moindre
chose ici, et si tu y étais? Je serais doublement malheureuse; car, avec ta sensibilité,
ton lait passerait tout de suite dans ton sang,
et tu tomberais bien malade. Ainsi, mon cœur,
je te dis, dans toute la franchise du mien, que
je ne me soucie pas du tout que tu viennes,
et que même je n'ai pas besoin de toi: cela ne
m'empêche pas de t'aimer du fond de mon
âme, et de désirer que le moment de notre
réunion ne soit pas éloigné. Quand les grandes chaleurs seront passées, il faut croire que
les têtes se calmeront, et que la liberté, que
l'on proclame tant, sera pour tout le monde.
En attendant, il s'est encore passé des impiétés aux Théatins: on dit pourtant qu'ils parviendront à être ouverts; je le souhaite pour
les bonnes âmes qui n'ont pas de ressource.

« R.... a retardé son voyage par une excellente raison: mais ce dont je suis enchantée, c'est que sur certain article (1), il est beaucoup plus respectueux ; j'espère que Dieu récompensera la bonté et la droiture de son cœur. La foi et la confiance sont deux vertus que Dieu doit chérir, et il me semble qu'il est bien près de les avoir.

« Nous sommes toujours tranquilles; j'espère que cela durera: mais il faut s'abandonner à la Providence pour l'avenir. En réfléchissant sur mon indignité, cela me rassure beaucoup; mais je suis encore plus rassurée par les grâces que Dieu a versées sur moi depuis ma plus petite enfance.

« Adieu, mon cœur; je vous embrasse comme je vous aime, bien tendrement.

« Je vais monter à cheval avec Bl...., pour aller à ...: de là je verrai ce pauvre Montreuil, et je n'ose ajouter Versailles; mais, quelqu'indigne qu'il soit, je t'avoue que je le regrette toujours un peu : cependant je serais bien malheureuse si tous ces événements-ci n'étaient pas arrivés ; car je serais restée dans

(1) Sur la religion.

un certain engourdissement que le monde aurait peut-être encore jugé parfait, mais qui franchement ne vaut rien du tout. C'est ainsi que Dieu tire du mal un bien; il a encore bien des maux à m'envoyer pour me faire parvenir à ce qu'il veut de moi.

« Prie pour quelqu'un que j'aime de toute mon âme... (1)

« 15 juin 1791.

« Nous avons eu hier une petite scène qui, je vous l'avoue, m'a mise un peu en colère. Un homme qui a été réformé de la loterie, à qui l'on a donné neuf cents livres de retraite, et qui ne veut pas les toucher, prétend être la victime de M. Lambert, et, par suite, de M. de Lessart. Après avoir frappé à la porte de l'assemblée, et n'avoir pu obtenir l'attention de personne, il a donné l'autre jour un mémoire au roi, qui ne l'a pas reçu, en lui disant qu'il connaissait son affaire. Il a paru, après,

(1) Le comte d'Artois. Toutes les fois qu'elle nomme ou indique ce prince, on voit quelle tendresse elle avait pour lui.

un petit imprimé d'une insolence parfaite; mais ce n'était rien que cela. Hier, à la dernière oraison, ce monsieur monte sur une chaise, et, prenant la parole, dit: *Sire, je viens vous demander justice contre M. de Lessart et sa maîtresse.* De là, il allait lire son mémoire, lorsque le roi, avec le son de voix le plus modéré, lui dit : *Monsieur, ce n'est pas ici que l'on peut me parler; vous oubliez que vous êtes devant l'autel.* Cet homme a encore eu la hardiesse de répliquer: *Hé bien! je vais y déposer mon mémoire.* En effet, il a passé de main en main, jusqu'à celle du suisse, qui l'a emporté. Le monsieur a été arrêté par la garde; il était encore le soir à la section des Tuileries: on le dit avoir des connaissances dans le club des Cordeliers. Je ne puis te rendre l'indignation où j'ai été de voir avec quelle impudence il a prononcé ce peu de paroles dans l'église, à peine la messe finie. Tout cela est étrange, il faut en convenir; et je ne crois pas que Dieu puisse trouver que la France mérite qu'il en ait pitié.

« Adieu, mon cœur; je vous embrasse bien

tendrement. J'ai vu M. P... Tout ce que tu me mandes, vient du roi Guillemot. Je suis contente de ma santé ; je ne crains plus les déchirements d'entrailles dont tu me parles : mais prie toujours de tout ton cœur pour que l'humeur qui me ronge, se dissipe le plus doucement possible. J'embrasse Hélène. J'espère bien qu'elle sera une sainte. Je l'espère pour toi : car, pour elle, le sort d'un ange serait à désirer. Que la sainte paresse y trouve bien son compte !

« Dites à votre belle-sœur que je ne lui réponds pas, mais que je la remercie des dernières nouvelles qu'elle m'a données de toi. »

29 juin 1791.

« J'espère, mon cœur, que votre santé est bonne, qu'elle ne se ressent pas de la situation de votre amie. La sienne est excellente : vous savez que son corps ne s'aperçoit guère des sensations de son âme. Cette dernière n'est pas ce qu'elle devrait être pour son Créateur ; la seule indulgence de Dieu peut lui faire espérer grâce. Je ne puis ni ne veux entrer en détail sur tout ce qui me touche ; qu'il vous suffise de savoir que je me porte bien ; que je suis tranquille ; que je vous aime de tout mon cœur, et que je vous écrirai bientôt, *si je puis* (1). »

9 juillet 1791.

« Je viens de recevoir de toi la plus petite épître qu'il soit possible de voir ; mais elle m'a fait grand plaisir, parce que tu me mandes qu'Hélène et toi vous vous portez bien : tâche que cela dure. En conséquence, ne vous avisez pas de venir. Non, mon cœur : la secousse de l'âme est toujours moins dangereuse à Trèves qu'à Paris ; restez-y donc jusqu'à ce que les esprits soient calmés tout-à-fait..... Paris est tranquille à l'extérieur. On dit que les esprits sont en fermentation. Je ne sais pas, au fait, ce qui en est. Nous nous portons incroyablement bien. Adieu ; je vous embrasse

---

(1) Cette lettre fut écrite après le retour de Varennes. Madame Élisabeth, ne pouvant entrer dans aucun détail, se borne à rassurer son amie, dont elle devinait les alarmes.

et vous aime de tout mon cœur..... J'ai été bien malheureuse, mon cœur; je le suis encore, surtout de ne pouvoir pas avoir de nouvelles sûres du pays étranger. J'ai pu voir hier mon abbé; j'ai causé bien à fond avec lui: cela m'a remontée; je suis à présent beaucoup moins souffrante que vous ne le seriez à ma place: ainsi tranquillise-toi (1). »

14 juillet 1791.

« Je voudrais savoir, mon cœur, si vous avez reçu toutes les lettres que je vous ai écrites depuis mon arrivée: je l'espère; car sans cela tu auras été inquiète de moi. Nous nous portons toujours bien, menant la même vie et étant aussi gardés qu'il y a huit jours. Le rapport de l'affaire a été fait hier; les conclusions sont que le roi ne peut pas être jugé: par les décrets il le prouve, mais plusieurs membres le disputent. On dit que cela sera décidé samedi: je ne crois pas; car une grande partie de l'assemblée doit parler. Il y a eu

(1) La sensibilité douce, prévoyante, malheureuse et résignée, ne peut dire plus en moins de mots.

un peu de mouvement aujourd'hui, parce que les femmes d'un des clubs sont venues présenter une pétition, que l'assemblée n'a pas voulu recevoir. Elles ont dit qu'elles reviendraient demain. On doit la lire à l'ouverture de l'assemblée : je crois que c'est pour demander qu'il n'y ait plus de roi. Il me paraît encore impossible de prévoir la conduite que tiendra l'assemblée...

« Il y a eu aussi aujourd'hui une fédération. Le canon et le tambour ont tiré et battu toute la journée, et le quai est rempli de monde. Si l'on avait le cœur gai, ce spectacle serait superbe. Ah! mon cœur, priez pour moi, mais surtout pour le salut de ceux qui seront peut-être les victimes de tout ceci. Si j'en étais sûre, je ne souffrirais pas tant ; je me dirais : une éternité de bonheur les attend ; ce n'est donc que pour moi que je sens ma douleur. Mais je t'avoue que l'inquiétude sur cet article augmente beaucoup la peine que j'éprouve. Rassemblez pour cela toutes les bonnes âmes que vous connaissez ; il y en a qui y sont plus intéressées que d'autres, et qui y ont certainement bien pensé. Le château de ....., a pensé être pillé. Nos amies sont bien malheureuses, privées depuis plus de trois semaines des seules consolations qui puissent soutenir : mais le ciel y a pourvu une fois, et leur courage est toujours le même. Que de malheurs chaque individu éprouve! Plus heureuse que nos amies, j'ai repris depuis cette semaine mon genre de vie accoutumé; mais que mon âme est loin de pouvoir en jouir comme je voudrais! Il faut que Dieu soit bien bon pour pouvoir la supporter. Cependant je suis calme; et si je ne craignais pas pour d'autres que pour moi, il me semble que je supporterais facilement ma position, qui, *quoique je ne sois pas prisonnière*, ne laisse pas que d'avoir des désagréments.

« Je crois, mon cœur, que votre moral a beau ne pas faire effet sur le physique, vous feriez très-mal de venir avant la fin de votre nourriture: votre petite en souffrirait certainement, et jusqu'à ce que le calme soit tout-à-fait rétabli, et que vous ne soyez plus destinée par les lois de la nature à vous consacrer aux soins que demande de vous ce petit être, il faut que vous y restiez.

« Adieu, mon cœur; je vous aime bien tendrement.

« Le décret vient d'être rendu : le roi est hors de cause.

« J'ai vu aujourd'hui le fils de votre amie : qu'il m'a fait mal à voir! Son nom m'a déchiré le cœur. »

18 juillet 1791.

« Nous avons depuis trois jours un sabbat un peu fort. Le Champ-de-Mars était occupé par les sans-culottes, qui y tenaient une assemblée nationale; ce qui n'a pas eu de succès auprès de la véritable. En conséquence, celle-ci a ordonné que la loi martiale serait publiée. Le drapeau rouge a été déployé. Quelques-uns de ces malheureux ont été tués, d'autres blessés; plusieurs noyés. Six de la garde ont péri : c'étaient des bourgeois; ce qui anime beaucoup les autres, qui se sont portés au château avec zèle. L'esprit de la garde est bon pour l'exécution de la loi; ils ont un grand désir de se débarrasser des gueux qui font le train. Adieu; je n'ai ni le temps ni la volonté de réfléchir sur tout cela. Je t'embrasse. »

23 juillet 1791.

« Si je n'avais pas eu de tes nouvelles par Bombelles, je serais inquiète de toi : il y a longtemps que je n'ai eu de tes lettres. As-tu reçu la dernière que je t'ai écrite ? Elle n'est pas fraîche; car je n'ai pas eu le temps depuis de te dire un petit mot. J'ai à présent, hors du royaume, tant de gens qui m'intéressent, que cela fait horreur à penser, et m'emporte beaucoup de temps.

« Je suis encore un peu étourdie de la secousse violente que nous avons éprouvée; il faudrait pouvoir passer quelques jours bien tranquille, éloigné du mouvement de Paris, pour remettre ses sens; mais, Dieu ne le permettant pas, j'espère qu'il y suppléera. Ah! mon cœur, heureux l'homme qui, tenant toujours son âme entre ses mains, ne voit que Dieu et l'éternité, et n'a d'autre but que de faire servir les maux de ce monde à la gloire de Dieu, et d'en tirer parti pour jouir en paix de la récompense éternelle ! Que je suis loin de cela ! Cependant n'allez pas croire que mon âme se livre à une douleur violente. Non ; j'ai même conservé de la gaieté. Hier encore, j'ai beaucoup ri en me rappelant des anecdotes ridicules de notre voyage ; mais je suis encore dans l'effervescence. Vous, qui êtes bien aussi vive que moi, vous devez sentir ma position. Cependant j'espère que je ne serai pas encore longtemps comme cela. Demande-le à Dieu, pour moi, je t'en conjure. Adieu ; je te quitte, car j'ai encore bien des lettres à écrire pour me mettre au courant. »

27 juillet 1791.

« Je te fais part, ma chère, que je commençais à te croire partie pour l'autre monde, lorsque j'ai reçu ta lettre, numéro 36. Ta sœur n'en avait pas plus que moi, depuis les deux premières que tu m'avais écrites. Je pense que le comité des recherches en a fait son profit. Je n'ai point reçu celle où tu réponds à mes questions : mais, malheureusement, elles sont inutiles ; car j'ai presque la certitude du malheur de la personne dont je te parlais. La maladie épidémique dont ses confrères et lui sont attaqués, traîne en longueur ; et qui a temps a vie. J'espère donc et je désire beaucoup qu'ils se sauvent de leur maladie. Tu es bien aimable de les avoir recommandés à ton saint. Feras-tu cette année ce que tu as fait l'année passée, à-peu-près dans ce temps-ci ? Moi, je voudrais bien en avoir la possibilité. Dis au bon Dieu que, si c'est sa volonté, il s'arrange pour que je le puisse. Tu as bien tort de me voir l'âme calme, car j'en étais bien loin. A présent, je suis encore étourdie : ainsi juge de ce que c'était auparavant. Petit à petit, j'espère que cela reviendra, et que je ne finirai pas par devenir folle : j'en ai bonne envie, parce que *je veux voir la constitution s'affermir et faire le bonheur de la plus florissante des nations* (1). Nous nous portons bien. Cette ville est tranquille, et, à l'exception de la gêne intérieure

---

(1) On voit aisément dans quel sens cela était dit.

qu'éprouvent nos amis, tout est assez bien, et même mieux, à ce que l'on dit, que lorsque je t'écrivis dernièrement. Adresse-toi au cœur de Jésus, pour lui demander pardon pour nous. Adieu, je t'embrasse; j'espère qu'Hélène va bien. »

4 août 1791.

« Je t'écris à la hâte, mon cœur; car il est bien près de l'heure de la poste: mais, comme il est jour de te donner de mes nouvelles, je veux que tu saches qu'elles sont bonnes. La tristesse s'est désemparée de mon âme : je végète; ce qui est beaucoup plus doux. Cependant ne crois pas que, pour cela, je sois maîtresse de ma tête; il s'en faut du tout au tout: ce qui ne m'empêchera pourtant pas d'entreprendre de lui donner quelques jours de réflexion, avant la fête. Prie pour moi, car j'en ai bon besoin: vous ne pouvez vous en faire une idée. Je suis plus sèche, plus bête, que ceux qui n'ont jamais connu la douceur du joug qui m'est imposé... Adieu; j'embrasse ton Hélène et toi de tout mon cœur. »

7 août 1791.

« Je ne t'écris qu'un mot, ma chère R....., parce qu'il est tard.

« Les nouvelles ne sont pas bien intéressantes dans le moment. La constitution est, depuis samedi, entre les mains du roi, qui l'examine; en conséquence, on dit qu'il n'est plus en prison : il a gardé près de lui ceux qui avaient été chargés de lui et de sa famille pendant deux mois; il y en a de fort honnêtes. Adieu; remets ce petit mot à celle qui a si peur de moi. J'ai eu aujourd'hui des nouvelles de votre sœur. Elles font, en ce moment, trois jours d'adoration devant le Saint-Sacrement, pour la paix de l'Église. »

23 août 1791.

« Tu crois, ma chère R....., que je suis femme à tirer un aussi bon parti que toi des réflexions que j'ai été dans le cas de faire. Si tu as cette opinion, mets-la de côté, parce qu'elle n'est pas juste. Mon âme est d'une autre forme que la tienne, et l'agitation est, je crois, ce qui lui convient; mais je me flatte pourtant que tout ne sera pas perdu, et que je trouverai enfin ce calme dont je fais tant de cas et que je sens si rarement. Je suis toujours fort contente de ma nouvelle connaissance (1). Si je ne fais pas de progrès, je saurai bien, à présent, à qui m'en prendre, et les excuses manqueront parfaitement. Je sors dans l'instant d'avec cette personne: l'esprit, la bonté, la douceur sans faiblesse, la connaissance parfaite des hommes, une manière aimable d'attirer la confiance, une vertu qui se fait aimer et inspire le désir de l'imiter : voilà son portrait très-mal esquissé, mais qui peut ajouter à tout ce que je t'ai dit, et te faire deviner le reste. Je n'envisage pas sans peine le moment où il faudra que je m'en éloigne ; mais j'espère que cette bonne Providence, qui ne m'a jamais abandonnée, suppléera, dans cet instant, à tout ce que je perdrai... Je t'avoue que la patience, comme tu sais, n'est pas mon fort: aussi je la perds quelquefois. Le moindre espace de temps à parcourir jusqu'au moment

---

(1) M. l'abbé de Firmont.

où je pourrai te revoir, me paraît un siècle, et j'en gémis tant que je puis.

« Ta sœur marche à grands pas dans la voie de la perfection. On peut bien dire, comme de Marie, qu'elle a choisi la meilleure part; mais peut-on, sans crainte, ajouter les paroles qui suivent (1)? Dieu le voudra peut-être. Je suis fâchée de ne pouvoir aller m'édifier avec elle.

« On vous aura, sans doute, envoyé de Bruxelles une neuvaine que l'on fait pour la fête de saint Louis: on a bon besoin qu'il nous protége. Adieu, mon cœur; je vous embrasse et vous aime bien sincèrement. »

Septembre 1791.

« Je profite du départ de quelqu'un bien sûr pour t'écrire, ma chère R...., et te prier de me donner des nouvelles de ce que pense le maréchal. Je ne comprends rien au voyage de ...... (2), ou, pour mieux dire, mon esprit se perd dans les conjectures. Crois-tu que nos

(1) *Qui ne lui sera point ôtée.* Saint Luc, chap. X.
(2) Voyage du comte d'Artois à Pilnitz.

maux finissent cette année?...... Tout est ici dans un vague terrible; personne ne sait à quoi il en est. L'assemblée est très-embarrassée; elle ne peut pas revenir sur ses pas, parce que le parti républicain prendrait le dessus. Enfin, nous ressemblons à la tour de Babel, d'une manière incroyable. Malheureusement la religion ne gagne pas à tout cela. Pour moi, je devrais faire pénitence; mais, malgré les six jours que j'ai passés plus solitaire, je suis toujours bien mauvaise. La secousse de Varennes me sera peut-être utile par la suite; mais elle a été rude pour mon âme. J'ai bon besoin d'une dose de résignation; faites-en provision pour moi. Ne va pas croire que cela m'empêche de rire et de végéter comme à l'ordinaire: ah! mon Dieu, non; il n'y a que pour lui que je suis devenue pire que je n'étais; et encore devant lui, je ne m'occupe que de moi. Il est pourtant des intérêts bien chers pour lesquels je devrais l'invoquer. Ah! que l'on a raison de croire n'être pas fait pour ce monde! Mais il faut mériter la jouissance de l'autre.

« La vie que je mène est à-peu-près la même. Nous allons à la messe à midi; on dîne à une heure et demie. A six heures, je rentre chez moi; à sept heures et demie, ces dames viennent; à neuf heures et demie, nous soupons. On joue au billard après dîner et après souper, pour faire faire de l'exercice au roi. A onze heures, tout le monde va coucher, pour recommencer. Je regrette quelquefois mon pauvre Montreuil, quand il fait beau et chaud: il viendra peut-être un temps où nous nous y retrouverons ; quel bonheur j'éprouverai! Mais tout me dit que le moment est bien loin... »

12 septembre 1791.

« Je retrouve encore une occasion de t'écrire: j'en suis charmée; car je voudrais te dire cent mille choses: mais je ne sais par où commencer; et puis je voudrais bien n'avoir aucun compte à rendre dans l'autre monde sur cette lettre; et, dans cet instant, la charité est une vertu difficile à mettre en pratique.

« Je commencerai donc par te dire que la charte n'est pas signée, mais qu'il y a à parier qu'elle le sera quand cette lettre te parviendra, même peut-être avant que je la ferme. Est-ce un bien? est-ce un mal? Le ciel seul peut savoir ce qui en est. Bien des gens croient, d'après leurs vues, en avoir la certitude. Je ne suis nullement appelée à donner mon avis, ni même dans le cas d'en parler...

« Pour vous parler un peu de moi, je vous dirai que je suis à-peu-près ce que vous m'avez toujours vue, assez gaie; mais il y a des moments où ma position se fait vivement sentir; cependant, au total, je suis plutôt calme qu'agitée et inquiète, comme vous vous le figurez certainement. La connaissance que vous avez de mon caractère, doit vous faire comprendre ce que je dis.

« Une seule chose pouvait m'affecter vivement: c'est qu'on a voulu mettre du froid dans une famille que j'aime sincèrement (1).

---

(1) Entre le roi et ses frères. Tout ce qui est dit là-dessus dans cette lettre, est parfaitement juste, et donnerait, s'il était possible, lieu à un long commentaire. Le nom de *père* désigne le roi; celui de *belle-mère*, la reine; celui de *fils*, le comte d'Artois.

En conséquence, comme vous êtes dans le cas de voir un être qui peut avoir du crédit, je voudrais qu'avec esprit vous chambriez cette personne, et que vous la pénétriez de l'idée que l'on perdrait tout, si l'on pouvait avoir d'autres vues que celles de la confiance et de la soumission aux ordres du père. Toute vue, toute idée, tout sentiment doit céder à celui-là. Vous devez sentir combien cela est nécessaire. Vous me direz que cela est difficile, quoique cela soit dans le cœur; mais plus je le sens difficile, plus je le désire. Pour parler plus clairement, rappelle-toi la position où s'est trouvé ce malheureux père; l'accident qui le mit dans le cas de ne pouvoir plus régir son bien, le jeta dans les bras de son fils. Ce fils a eu, comme tu sais, des procédés parfaits pour ce pauvre homme, malgré tout ce que l'on a fait pour le brouiller avec sa belle-mère. Il a toujours résisté; mais il ne l'aime pas (elle). Je ne le crois pas aigri, parce qu'il en est incapable (1); mais je crains que

(1) Elle le connaissait bien.

ceux qui sont liés avec lui, ne lui donnent de mauvais conseils. Le père est presque guéri; ses affaires sont remontées: mais, comme sa tête est revenue, dans peu il voudra reprendre la gestion de son bien; et c'est là le moment que je crains. Le fils, qui voit des avantages à les laisser dans les mains où elles sont, y tiendra: la belle-mère ne le souffrira pas; et c'est ce qu'il faudrait éviter, en faisant sentir au jeune homme que, même pour son intérêt personnel, il doit ne pas prononcer son opinion sur cela, pour éviter de se trouver dans une position très-fâcheuse. Je voudrais donc que tu causasses de cela avec la personne dont je t'ai parlé; que tu la fisses entrer dans mon sens, sans lui dire que je t'en ai parlé, afin qu'elle pût croire cette idée la sienne, et la communiquer plus facilement. Il doit mieux sentir qu'un autre les droits qu'un père a sur ses enfants, puisque pendant longtemps il l'a expérimenté. Je voudrais aussi qu'il persuadât au jeune homme de mettre un peu plus de grâce vis-à-vis de sa belle-mère, seulement de ce charme qu'un homme sait employer quand il veut, et avec lequel il lui persuadera qu'il a le désir de la voir ce qu'elle a toujours été. Par ce moyen, il s'évitera beaucoup de chagrin, et jouira paisiblement de l'amitié et de la confiance de son père. Mais tu sais bien que ce n'est qu'en causant paisiblement avec cette personne, sans fermer les yeux et allonger ton visage, que tu lui feras sentir ce que je dis. Pour cela, il faut que tu sois convaincue toi-même. Relis donc ma lettre; tâche de la bien comprendre, et pars de là pour faire ma commission. On te dira du mal de la belle-mère : je le crois exagéré; mais le seul moyen de l'empêcher de se réaliser, est celui que je te dis. Le jeune homme a fait une faute en ne voulant pas se lier avec un ami de ladite dame. Si l'on ne t'en parle pas, ne le dis pas.

« Je suis heureuse aujourd'hui : depuis longtemps je n'avais eu une après-dîner à moi, et j'en jouis bien. Je n'ai pas fait grand'chose; mais au moins n'ai-je pas été étouffée pour faire mes petites affaires; ce qui fait grand bien. Je t'envoie un livre que tu connais peut-être déjà; mais j'en suis si contente, que j'ai pensé que tu pourrais peut-être y trouver des choses qui te conviennent dans la position où tu te trouves, dénuée des secours spirituels que tu avais. Ce livre est de pratique. Je te recommande le *Traité de l'Oraison* : on dit celui de *la Présence de Dieu* et celui de *la Conformité à la volonté de Dieu* superbes. Je commencerai demain le premier. Tu vois que je ne suis pas bien avancée; mais je suis parfaitement contente de ce que j'ai lu.

« Mon Dieu! que La...... doit être malheureuse! Je n'ose lui parler des chagrins qu'elle éprouve, *primò* parce que je craindrais de lui faire de la peine, et puis de lui apprendre des choses qu'elle ne sait peut-être pas. Elle est bien heureuse d'avoir autant de religion qu'elle en a, cela la soutient: et vraiment il n'y a que cette ressource. Elle est fort contente de ..... et me mande s'y attacher tous les jours. »

Ce 14.

« *P. S.* — Je le savais bien, voilà la constitution finie et terminée par une lettre dont vous entendrez sûrement parler: en la lisant, tu sauras tout ce que j'en pense; ainsi je ne t'en parle pas davantage. J'ai beaucoup d'inquiétude sur ses suites. Je voudrais être dans tous les cabinets de l'Europe..... Une seule chose me soutient : c'est la joie de voir ces messieurs sortis de prison; j'espère les voir ce matin. Je vais à midi à l'assemblée pour suivre la reine : si j'étais la maîtresse, je n'irais certes pas (1); mais, je ne sais, tout cela ne me coûte pas autant qu'à bien d'autres, quoiqu'assurément je sois loin d'être constitutionnelle. Adieu; je t'embrasse. »

25 septembre 1791.

« Il y a longtemps que je ne t'ai écrit, ma chère R.... Il s'est encore passé bien des choses depuis. Nous avons été à l'opéra; nous irons demain à la comédie. Mon Dieu! que de plaisirs! j'en suis toute ravie. Aujourd'hui nous avons eu pendant la messe un *Te Deum*. Il y en a eu un à Notre-Dame : l'intrus avait bonne envie qu'on y allât; mais, quand on en

(1) Les traits de caractère se retrouvent fréquemment

chante un chez soi, on est dispensé d'en aller chercher d'autres. Nous nous sommes donc tenus tranquilles. Ce soir, nous avons encore une illumination : le jardin sera superbe, tout en lampions, et ces machines de verre que depuis deux ans on ne peut plus nommer sans horreur (1).

« J'ai toujours oublié de te mander que je ne pouvais faire ce que tu désirais pour M. D.... Il faudrait avoir une connaissance parfaite de son affaire pour la juger. J'en sais, je crois, plus que toi, peut-être plus que celui qui le protége; mais je n'en sais pourtant pas assez pour pouvoir la juger : ainsi je ne puis m'y intéresser.

« Quant à la personne dont tu m'as envoyé une lettre, dis-lui que je ne puis faire ce qu'elle désire, mais qu'elle n'en a pas besoin. Tu conviendras que, si l'on veut réussir, il faut s'adresser à toi : mais j'ai de bien bonnes raisons.

(1) Quel sentiment dans ce rapprochement, en évitant de nommer ces lanternes, devenues une des armes favorites des premiers révolutionnaires !

« Qu'est-ce que tu dis dans ton pays? Mande-moi cela comme tu pourras. Enfin, les colonies ne seront pas soumises aux décrets. Barnave a parlé avec tant de force, qu'il l'a emporté. Cet homme a bien du talent; il aurait pu être un grand homme, s'il l'avait voulu : il le pourrait encore (1); mais la colère du ciel n'est pas encore épuisée. Et comment le serait-elle? que faisons-nous pour cela?

« Si, par hasard, tu as des nouvelles du baron de Viomesnil, donne-m'en; je n'en ai point entendu parler depuis qu'il est allé en Lorraine: tu sais que j'ai un tendre sentiment pour lui. Ne dis pas pourtant que je t'en ai parlé; car j'aime que mes sentiments soient secrets.

« Adieu, ma chère enfant; je t'embrasse et t'aime de tout mon cœur. Hélène commence-t-elle à souffrir des dents? »

28 septembre 1791.

« Je te remercie, ma chère R...., de ce que

(1) Voilà bien encore une preuve d'un excellent jugement.

tu m'as envoyé. Cela fait toujours un peu de plaisir; mais je t'avoue que je suis dans mes moments d'incrédulité...

« Je reçois en même temps une lettre de toi, où tu me mandes que tu me plains: tu as bien raison. Quant à ceux qui me blâment, je trouve qu'ils ont tort. Tu diras que j'ai bien de l'orgueil; mais, en vérité, c'est que ce n'était pas le cas de faire autrement que je n'ai fait, et qu'il y aurait eu des inconvénients réels, peut-être même pour ceux qui me blâment, à être autrement. La plus grande preuve que je puisse t'en donner, c'est que je me suis déjà trimballée à deux spectacles, et que je le ferai encore à un troisième. Ce n'est, certes, ni mon goût ni mes principes qui m'y amènent: ce n'est donc que mon devoir. Mais il est des choses sur lesquelles rien ne pourra jamais me faire ployer; et c'est la seule distinction (1) que je puisse et veuille me per-

(1) Il est impossible de voir une dévotion plus simple, plus facile, plus susceptible de se prêter à tout, excepté pour les choses réellement essentielles. Certes, ils étaient dans l'erreur, ou voulaient nous y induire, ceux qui,

mettre dans ce moment : mais, sur cela, Dieu me fera, j'espère, la grâce de lui être d'une fidélité à toute épreuve. Au reste, il me traite encore en enfant gâté; car je n'ai rien qui me force à manquer sur cela. M. G.... même m'épargne la peine de ne pas le voir; car, Dieu merci, il ne se présente pas.

« Je t'avoue que j'ai été quelques jours un peu triste; mais je me suis remontée, et maintenant je suis dans mon assiette ordinaire. J'ai monté à cheval ce matin pour la première fois; il faisait une poussière horrible. J'étais derrière ma sœur : on n'y voyait vraiment presque pas. Adieu; je t'embrasse de tout mon cœur..... »

4 octobre 1791.

« Je profite du départ de M. de F... pour te parler encore. Je suis charmée de la manière dont tu as saisi ce que je te disais si mal (1),

ne pouvant nier les vertus de Madame Élisabeth, ne lui accordaient que des idées rétrécies et la dévotion minutieuse d'une novice de couvent.

(1) Ci-dessus, dans la lettre du 12 septembre.

et que la personne à qui tu as parlé ait été de ton avis. Puisse le ciel lui donner le crédit capable de le faire réussir! Plus j'y pense, plus j'en sens la nécessité. Je serais bien fâchée, je te l'avoue, de renoncer à voir le jeune homme dont il est question absolument soumis à sa belle-mère : mais cela est impossible ; et plus il fera ce qu'il doit vis-à-vis de son homme d'affaires, moins il courra ce risque, parce que, réunissant plus de moyens à lui, il s'affermit de toute manière.

« On dit ici qu'il va y avoir un congrès à Aix-la-Chapelle ; que l'empereur a eu réponse des autres cours, qui adhèrent à la déclaration de Pilnitz, et qu'en conséquence, ils vont assembler leurs ministres ou ambassadeurs. Dieu veuille que cela soit! Au moins, nous aurions l'espoir de voir nos maux finir. Mais cette marche lente demande une grande prudence, beaucoup d'union dans les volontés ; et voilà où doivent tendre tous nos vœux. Je t'avoue que cette position m'occupe plus que je ne voudrais. Je suis poursuivie dans mes prières des conseils que je voudrais donner, et je suis bien mécontente de moi; je voudrais être calme.

« Je voudrais bien que le mari de Bombelles employât son crédit auprès de son protecteur, pour lui persuader qu'il faut que tout le monde fasse des sacrifices avec raison (1) : il y a un parti qui doit en faire de plus grands; mais ses services et son détachement individuels doivent être comptés pour quelque chose. Si tu es en position d'en écrire à sa femme, tu feras peut-être bien; mais si tu ne lui parles pas des affaires dans le cours ordinaire, il ne faudrait pas entamer celle-ci, parce qu'elle verrait bien que cela ne vient pas de toi (2). Je crois que L.... va revenir : ses malheurs la rappellent ici. Quant à moi, mon cœur, achève ta nourriture, et puis nous verrons. »

(1) Nouvelle preuve de sa prévoyante sagesse, et du parfait accord qu'elle aurait voulu établir. S'il était temps d'expliquer entièrement cette phrase, on reconnaîtrait que rien n'était mieux vu de sa part, que d'employer le marquis de Bombelles auprès du baron de Breteuil, pour engager celui-ci à rendre justice à l'attachement vrai et désintéressé du comte d'Artois pour Louis XVI.

(2) Quelle circonspection! quelle mesure! C'est bien là connaître les hommes et la manière de les mener.

12 octobre 1791.

« On débite ici de très-heureuses nouvelles : l'empereur a, dit-on, reconnu le pavillon national ; ainsi voilà toutes nos craintes calmées. Il faut convenir qu'aux yeux des siècles présents et futurs, cette modération pacifique fera un superbe effet. Je vois déjà toutes les histoires en parler avec enthousiasme, les peuples le bénir de leur bonheur, la paix régner dans ma malheureuse patrie, la religion constitutionnelle s'établir parfaitement, la philosophie jouir de son ouvrage, et nous autres, pauvres apostoliques-romains, gémir et nous cacher ; car si cette assemblée n'est pas chassée par les Parisiens, elle sera terrible pour les non-conformistes. Enfin, mon cœur, Dieu est le maître de tout : travaillons à nous sauver, prions pour les méchants, ne les imitons pas ; et Dieu saura bien nous récompenser comme et quand il voudra. Les pauvres prêtres de votre paroisse meurent de faim ; je voudrais avoir des trésors, je sais bien l'usage que j'en ferais.

« Non, mon cœur, non, ne pensez point encore à revenir. Je vous le demande en grâce; vous êtes trop sensible pour exposer cette pauvre Hélène à la vie que l'on mène ici. Tout y est tranquille; mais qui sait combien cela durera? Le roi est dans ce moment l'objet de l'adoration publique; tu ne peux te faire une idée du tapage qu'il y a eu samedi à la comédie italienne: mais il faut voir combien durera cet enthousiasme. Pour le faire tomber, on ne cesse de répandre dans le public que le roi part. Je ne crois pourtant point que cela prenne. Adieu. »

21 octobre 1791.

« Je crois, comme toi, que le jeune homme (1) dont tu me parles, ne sera jamais heureux dans son ménage; mais je ne crois pas que sa belle-mère en soit tout-à-fait la cause: je la crois jouée par un vieux renard (2)

---

(1) L'explication de cette lettre est la même que celle de la lettre du 12 septembre, page 178.
(2) On ne pouvait mieux exprimer le rôle que M. de Mercy joua pendant la révolution.

qui est ami intime de son frère. Si l'on faisait bien, le jeune homme s'appliquerait à le gagner (1); mais c'est qu'il y a tant d'intérêts qui se croisent, que cela déroute. Ce qui est à craindre, c'est que la belle-mère n'en soit la victime tout comme une autre... Sur ce, je te souhaite le bon soir et t'embrasse... N... va-t-elle bien? En es-tu contente? Le monde ne la gâte-t-il pas? Ses principes sont-ils bien gravés dans son cœur?... »

30 octobre 1791.

« J'ai l'âme toute noire, ma chère... Il faut que tu en prennes ton parti, et tu en devineras bien la raison; car je n'aime point du tout tout ce que je vois. Lis et entends. Dieu veuille que j'aie tort!... Quant à ce que tu me marques pour une certaine personne de ma connaissance, je te fais part qu'elle ne trouve pas que tu aies raison; que son opinion ne sera, je crois, jamais douteuse, mais que mille raisons lui font croire qu'elle est où elle doit être. Si tu ne l'approuvais pas, elle en serait bien

(1) La chose était impraticable.

fâchée; mais je crois que, si elle pouvait causer avec toi, elle te convaincrait. La..... est ici d'avant-hier; ce qui a fait un sensible plaisir à ta très-humble servante, quoiqu'elle lui ait dit bien des choses qui lui font de la peine. La pauvre petite est bien malheureuse, et sent bien vivement sa position (1); mais tout cela est soumis à la Providence d'une manière qu'il faudrait imiter.

« Je suis bien affligée pour toi de ce que Madame de C..... vous quitte, et de l'idée que vous avez que vous ne la reverrez plus. Je sens que bien des raisons vous empêchent de la suivre. La petite santé de Mademoiselle Hélène est la première. J'espère bien que le ciel a arrangé les choses de manière que vous la conserverez: votre abandon à ses volontés est ce qui le touchera le plus. Je suis bien aise qu'elle devienne gentille: mais je la supplie de ne pas encore s'amuser à m'écrire; car vraiment cela n'embellit pas ton écriture.

(1) Cette dame, bien digne d'être aimée de Madame Élisabeth, était navrée de la conduite de son père dans la révolution.

« As-tu jamais connu un être plus malheureux que ce pauvre T....? Fortunée vient de gagner la petite vérole : les huit premiers jours se passent à merveille : aucun accident ; ils étaient tranquilles : le neuvième, le délire lui prend ; il ne la quitte pas, et, le douzième, elle est morte dans la nuit. On dit que ce n'est pas de la petite vérole ; mais qu'elle avait de l'eau dans la tête. C'est un petit ange de plus dans le ciel : la pauvre enfant n'a guère connu que la souffrance. D.... me mande que sa mère a un courage héroïque : la pauvre sœur est au désespoir ; c'est une perte affreuse pour elle ; j'ai peur qu'elle ne gagne la petite vérole..... Voilà un moyen, mon cœur, de remonter notre âme. Priez beaucoup pour cette malheureuse famille. Admirez la manière dont Dieu traite ceux qu'il aime le mieux : de là, vos idées, se portant doucement sur l'autre monde, vous feront naître des sentiments plus doux. Tu vois que je prêche très-joliment. Hé bien ! apprends que je suis dans un état aussi triste que le tien ; mais j'ai plus de ressources que toi : je voudrais bien que tu pusses en avoir autant.

« Tu me demandes des nouvelles de mon jeune homme. Je ne suis pas mécontente de sa belle-mère (1); mais je t'avoue que ses gens d'affaires me font peur: ils ont de l'esprit ; mais en affaires cela ne suffit pas.

« Tu lis sans doute les journaux: ainsi je ne t'apprendrai rien, lorsque je te dirai que le décret sur les prêtres a passé hier avec toute la sévérité possible. Il a été porté au roi, malgré tous ses défauts inconstitutionnels. Il y a eu en même temps une députation pour prier le roi de faire des démarches vis-à-vis des puissances, afin d'empêcher les rassemblements, ou bien on leur déclarera la guerre. Dans ce discours, on a assuré le roi que Louis XIV n'eût pas souffert de tels rassemblements. Qu'en dis-tu? il est joli celui-là, que l'on parle de Louis XIV, de ce *despote*, dans ce moment!

« J'admire le courage de ton....: je serais loin de sa vertu. Adieu; je t'embrasse. »

Novembre 1791.

« Il y a, je crois, environ mille ans que je

(1) *Voyez* la note, page 178.

n'ai eu le plaisir, la jouissance, l'honneur, l'agrément de vous écrire. S'il faut vous en donner la raison, j'y serai fort embarrassée : la meilleure de toutes est que depuis, trois semaines j'ai un peu mis de côté la règle que je m'étais tracée; ce qui fait que je ne savais plus où j'en étais. Mais voilà, je crois, que je m'y remets : en conséquence, je t'écris deux jours d'avance, de crainte d'y manquer.

« Je te dirai que cette mère La... est ici depuis dix ou douze jours; que cela m'a fait bien plaisir; qu'elle va repartir pour M.... pour environ quinze jours. Elle a un courage de lion; et puis elle va au ciel tant qu'elle peut, sans grand fracas pourtant; ce qui, comme tu sais, vaut beaucoup mieux, parce que cela est solide.

« Nous sommes toujours ici dans la même position. L'assemblée dit tout ce qu'elle peut contre les prêtres et contre les émigrants. Du reste, il gèle comme au mois de janvier; et puis je vais me promener, parce qu'il fait le plus beau temps que l'on puisse voir. »

16 novembre 1791.

« N'exige pas de moi, je te prie, de grands détails sur l'assemblée; je sais peu ce qui s'y passe : je sais seulement que la tribune retentit de toutes les impiétés possibles à imaginer; enfin, cela a été si fort l'autre jour, que l'intrus de je ne sais plus où s'est fâché. On veut embarquer tous les prêtres non assermentés pour en débarrasser la France; c'est aujourd'hui que l'on doit en parler. Je ne crois pas que le décret soit encore porté. En attendant, les couvents sont très-édifiants; il y a beaucoup de communions. Une personne de ma connaissance est dans ce moment en retraite: et certes, elle ne quitte pas une seule minute le ciel; car c'est la vertu même.

« Il s'est passé ces jours derniers une drôle de chose. Un caporal a inventé de consigner le roi et la reine dans leurs appartements, depuis neuf heures du soir jusqu'à neuf heures du matin. Cette consigne a duré deux jours sans qu'on le sache: enfin, le troisième, un grenadier a averti son capitaine. Toute la garde est furieuse; il va y avoir un conseil de guerre. Dans la règle, le caporal devrait être pendu; mais je ne crois pas qu'il le soit, et j'en serais bien fâchée. Le roi devait monter à cheval un de ces jours-là; il a fait vilain : le roi est resté chez lui; ce qui a fait dire dans tout Paris qu'il est de nouveau en arrestation : mais voilà la vérité.

« Je te fais part que j'ai changé d'appartement pour un mois ou six semaines, parce que l'on arrange le mien un peu mieux qu'il n'était : je suis chez ma tante Victoire.

« Adieu. Je suis convaincue des charmes d'Hélène, et voudrais bien en jouir; mais patience : achève d'abord de la bien nourrir et de l'aider à pousser toutes ses dents. J'admire la vertu de ton...; je serais loin, à sa place, d'en avoir le demi-quart.

« Nous allons avoir pour maire M. Pétion : je t'avoue que j'ai été si ridiculement à mon aise avec lui dans le voyage, que je serais d'un embarras extrême de ne pas avoir le même ton, et de ne pas lui dire ce que je pense. »

9 décembre 1791.

« Tu crois peut-être que je suis en train de t'écrire? Hé bien! c'est ce qui te trompe. Je ne sais pourquoi, depuis quelques jours, la sainte paresse s'est emparée de moi; et puis on ne peut pas, par la poste, se communiquer facilement ses pensées. Je vous dirai donc qu'hier au soir, à la séance, l'abbé Fauchet a lu un article du règlement des princes pour les bourgeois et laboureurs restés fidèles et émigrés. Un monsieur (je pense, en distraction) a élevé la voix pour en demander la discussion; ce qui a causé un si grand éclat de rire, que l'abbé a été obligé de se taire: pour moi, cela m'a charmée. La maison du roi se forme petit à petit... Ce que l'on a pris parmi la garde nationale est très-bon, à l'exception d'un, dont les principes sont plus qu'équivoques. J'ai une grande impatience qu'elle soit formée..... Je n'ai point encore aperçu le nouveau maire depuis sa nomination; cela ne me déplaît pas: cependant je t'avoue que je ne serais pas fâchée de reprendre avec lui certaines conversations assez étranges, et voir s'il est toujours le même; mais, comme, si je le vois, je ne serai pas dans le cas de les reprendre, je trouve que nous sommes très-bien chacun chez nous.

« Cette pauvre Des..... me mande que sa mère a une force incroyable, que l'on voit la main de Dieu qui la soutient visiblement. Accoutumée au malheur et à la soumission aux volontés de Dieu, il est bien juste qu'il lui accorde ses grâces. »

18 février 1792.

« Je profite du départ de.... pour t'envoyer les livres que tu me demandes, et causer un petit moment avec toi... Si tu veux me mettre au fait de ce que tu me mandes sur cette malheureuse belle-mère (1), tu me feras plaisir. J'en ai un peu entendu parler; mais je serais bien aise que tu me disses le nœud de l'affaire, de qui tu le tiens, et comment on le sait. Tu penses avec quelle joie je verrais cette affaire arrangée: depuis longtemps c'est le plus cher

(1) *Voyez* la note, page 178.

de mes vœux. Le jeune homme est entouré d'intrigues qui ne le touchent pas, mais qui sont bien désagréables. Je voudrais bien que la personne qui en est la cause fût éloignée. N... m'en donne l'espoir; mais je ne sais s'il voit bien. Il m'a paru un peu étourdi : j'en suis fâchée ; mais je crains qu'il n'ait un peu pris le ton du lieu qu'il habite. Au reste, je puis avoir tort dans le jugement que je porte sur lui; car, en un quart-d'heure, il est difficile de bien voir.

« Tu aurais bien pu te donner la peine de m'écrire par..... si tu n'étais pas une vraie paresseuse.

« La situation de Paris n'est pas mauvaise; mais, si l'empereur nous fait la guerre, elle changera bien vite. Qui sait dans quel sens? Dieu seul. Rapportons-nous en donc à lui de toute manière; c'est ce que nous avons de mieux à faire. Prie-le, mon cœur; demande-lui bien la conversion des âmes ; demande-lui surtout avec instance de retirer l'aveuglement dont il a frappé ce malheureux royaume. Demande la même grâce pour ses chefs; car, nous n'en pouvons douter, sa main s'est appesantie sur nous d'une manière trop visible. Si tu étais à ma place, tu en jugerais encore mieux. Ce n'est donc que lui qui peut changer notre sort. Ranime ta ferveur pour le lui demander; prie-le aussi de ranimer la mienne. Adieu, mon cœur; je t'embrasse. »

22 février 1792.

« Je verrai, mon cœur, dans un moment où ma bourse sera moins vide, ce que je pourrai faire pour ces bons et saints Pères de la Vallée sainte (1). Quelle vie que celle-là! et combien nous devrions rougir en lui comparant la nôtre! Cependant une partie de ces saints n'ont peut-être pas autant de péchés que nous à expier. Ce qui doit consoler, c'est que Dieu n'exige pas de tout le monde ce qu'il exige d'eux, et que, pourvu que l'on soit fidèle dans le peu que l'on fait, il est content.

« La reine et ses enfants ont été avant-hier à la comédie. Il y a eu un tapage infernal d'applaudissements. Les Jacobins ont voulu

(1) Les Pères de la Trappe.

faire le train; mais ils ont été battus. On a fait répéter quatre fois le *duo* du valet et de la femme de chambre des *Événements imprévus*, où il est parlé de l'amour qu'ils ont pour leur maître et leur maîtresse, et au moment où ils disent: *Il faut les rendre heureux*, une grande partie de la salle s'est écriée: *Oui, oui!....* Conçois-tu notre nation? Il faut convenir qu'elle a de charmants moments. Sur ce, je te souhaite le bon soir. Priez Dieu, ce carême, pour qu'il nous regarde en pitié; mais, mon cœur, ayez soin de ne penser qu'à sa gloire, et mettez de côté tout ce qui tient au monde.

« Je trouve qu'on est d'une grande sévérité pour F.... (1). Je souhaite que cela tourne à bien; mais je ne puis te dissimuler que je trouve qu'on joue gros jeu. Songe qu'elle n'est peut-être pas destinée à vivre retirée dans un chapitre; qu'un temps viendra où elle pourra aller au bal, et que pour lors, elle se livrera avec plus de fureur à ce plaisir: je crois qu'il

(1) Jeune personne, en âge d'être dans le monde. Ce que Madame Élisabeth dit à ce sujet, est dicté par un jugement sain et une piété éclairée.

serait plus prudent de l'y mener quelquefois, et de s'attacher, dans les conversations qu'on pourrait avoir avec elle, à lui faire sentir le vide des plaisirs de ce bas-monde. »

29 février 1792.

« Vous savez, ma chère R...., que notre étoile s'est toujours suivie dans le moment où vous éprouviez, non pas, je crois, un malheur réel, mais une grande secousse; moi, je perdais l'être à qui je dois tout. Madame d'Aumale, après avoir été malade trois mois, est morte subitement, dimanche, à onze heures. Comme je te l'avais mandé, les accidents avaient cédé aux remèdes, à l'exception de l'enflure. Le médecin ne la croyait pas hors de danger, mais il la trouvait mieux : elle est expirée entre ses bras, au moment où il s'y attendait le moins. Sa dernière parole a été : *Mon Dieu, ayez pitié de moi; je sens.....* Elle n'a pu achever. Je la crois bien heureuse; mais j'espère que tu n'en prieras pas moins pour elle. Quelle perte pour sa fille! C'en est une grande pour ses amies; sa douceur, sa bonté, sa piété, tout était attirant en elle. C'est encore une grande croix pour cette pauvre Madame de T.... Je dois lui écrire demain ; son mari lui aura annoncé cette nouvelle, La..... ayant eu la bonté de lui écrire.

« Donne-moi de tes nouvelles, je t'en prie. Je crains que le saisissement que tu as eu ne te fasse mal ; cependant j'ai confiance que la Providence veillera sur toi et sur ta petite Hélène. Tu auras reçu, peu de jours après que tu m'as écrit, une belle épître de moi, qui, j'espère, m'aura fait pardonner un peu de paresse. Adieu, mon cœur ; je t'embrasse et t'aime tendrement. Si je le peux, j'irai après demain à Saint-Cyr ; il y a un an que je n'ai osé (1).

7 mars 1792.

« Je te prie de n'être point en colère contre moi, d'après le jugement que j'avais porté contre ton Caton ; peut-être sa timidité y a-t-elle contribué. Mais c'est ce qu'il m'avait dit sur l'affaire de M. de J...., qui avait contribué

(1) Quel mot ! et malheureusement il était juste.

à me tromper. Je suis charmée qu'il n'en soit rien, et pour lui, et pour toi.

« Fais-moi le plaisir d'ouvrir un paquet que tu as de moi ; tu y trouveras une lettre cachetée, dont le dessus est de l'écriture de Madame d'Aumale. Envoie-le moi tout de suite. J'ai reçu des nouvelles de son mari. Sa lettre est parfaite, et beaucoup mieux que l'on ne pourrait le croire, d'après son extérieur; ses regrets sont sincères, et son respect pour les moindres volontés de sa femme est parfait. J'ai été extrêmement touchée de sa lettre.

« Comment trouves-tu la lettre de l'empereur? quel jugement en porte-t-on dans ton pays? Tu serais étonnée si je te disais que dans celui-ci personne n'a la même opinion sur cet objet, chose qui assurément n'arrive jamais. Les Jacobins l'habillent en Feuillant ; les constitutionnels sont fâchés qu'il parle des Jacobins ; les aristocrates grognassent entre leurs dents; bref, tout le monde est mécontent. Pour moi, je le trouve conséquent avec toutes ses autres démarches : Dieu sans doute le conduit.

« Tout ce que tu me mandes sur F..... est fort bien raisonné; mais tu conviendras pourtant que ce sont des vérités sévères : mais tout cela tient au caractère. Si tu es sûre que cela convienne au sien, je trouve que tu as raison : il en est que cette sévérité cabrerait. Au reste, je t'avoue que je n'ai jamais cru qu'il y eût du mal à la danse, et n'ai jamais cherché à m'en instruire. Dieu m'a fait la grâce de la haïr si parfaitement, que je n'y ai jamais pensé.

« Tu ne m'as jamais parlé de la dévotion de la duchesse de L...... On dit que cela est très-vif. Pauvre femme! elle fait bien; et Caroline, comment est-elle? Adieu; je vous embrasse et vous aime de tout mon cœur. »

25 mars 1792.

« Il y a bien longtemps, mon cœur, que je ne vous ai écrit; l'arrivée de La.... en est un peu cause : tu juges qu'elle m'emporte une partie de mes soirées; j'éprouve une grande consolation de pouvoir causer avec elle. Vous ne pouvez vous faire une idée de son courage et de sa vertu; elle a même conservé de la gaieté; et à la voir, on ne pourrait se douter de l'excès de son malheur: la religion seule donne cette force. Heureux qui sait en faire un si bon usage! Ta sœur aînée va toujours un train terrible; elle a passé dernièrement une journée au Calvaire. Vive la liberté! Pour moi, *qui en jouis tant que je peux depuis trois ans*, j'envie le sort de ceux qui portent leurs pas où ils veulent; et si je pouvais passer quelques jours un peu calmes, cela me ferait grand bien.

« Je verrai pour votre protégée, mon cœur, s'il est possible de la faire entrer au pensionnat.

« La maison du roi va bien: la garde nationale la voit d'assez bon œil; et à l'exception d'une cloison abattue de force chez le roi, d'un crêpe insulté violemment dans le jardin, tout va à merveille. Adieu; je t'embrasse de tout mon cœur.

« J'attends ta lettre pour te parler du projet que tu as formé de revenir; mais j'espère que tu ne te décideras pas sans que je t'aie répondu. »

6 avril 1792.

« Comme je ne veux pas que tu me grondes, je t'écris le jeudi saint : n'est-ce pas beau ? Aussi tu n'auras qu'un petit mot. Voilà donc le roi de Suède assassiné ! Chacun a son tour. Il a eu un courage incroyable. Nous ignorons encore s'il est mort ; mais il y a à parier qu'il l'est, d'après la manière dont le pistolet était chargé.

« Tu es toute en dévotion. As-tu eu un bel office, un beau reposoir ? Ta petite te permet-elle d'y aller ? Adieu, mon cœur ; je t'embrasse bien tendrement. Quand tu sèvreras, je m'occuperai de te faire avoir un logement ; car le tien est donné. »

14 avril 1792.

« Je te fais mon compliment, mon cœur, de ce que la petite a reçu les cérémonies du baptême ; ta sœur ne m'a pas encore envoyé le discours de ton saint évêque ; j'espère l'avoir sous quelques jours. Tu crois peut-être que nous sommes encore dans l'agitation de la fête de Châteauvieux, point du tout; tout est fort tranquille. Le peuple a été voir dame Liberté tremblotante sur son char de triomphe; mais il haussait les épaules. Trois ou quatre cents sans-culottes suivaient en criant: *la nation! la liberté! les sans-culottes!* Tout cela était fort bruyant, mais triste. Les gardes nationaux ne s'en sont point mêlés; au contraire, ils étaient en colère, et Pétion est, dit-on, honteux de sa conduite. Le lendemain, une pique et un bonnet rouge s'est promené dans le jardin sans bruit, et n'y est pas resté longtemps.

« Oui, mon cœur, je serai bien aise de te revoir; mais il faut voir la tournure que tout ceci prendra. La première fois que je t'écrirai, je te dirai si j'ai pu te trouver un logement. J'en ai bonne envie; car il me déplairait beaucoup de te savoir à l'autre bout de Paris, et de ne pouvoir te voir autant que je le voudrais; au lieu que, si tu étais dans le château, nous passerions souvent les matinées ensemble. Je t'avoue que cette idée me tourne un peu la tête; je la voudrais déjà voir exécutée : mais patience. Depuis trois ans, nous sommes à ce régime; peut-être qu'à la fin nous nous en trouverons bien.

« Bombelles fait faire sa première communion à Louis; elle me mande qu'il se prépare fort bien; elle y met tous ses soins. Tu as encore le temps d'attendre avant que d'en être là. Tu es bien heureuse, car cela doit bien troubler.

« Le gouverneur de *M. le prince royal* est nommé d'aujourd'hui; c'est M. de Fleurieu, celui qui a été ministre. L'assemblée, à cette nouvelle, a renvoyé la lettre du roi au comité, pour savoir si c'est au roi ou à elle à le nommer. C'est, dit-on, un honnête homme; pour moi, je ne le connais pas. Adieu, mon cœur; je t'embrasse et t'aime de tout mon cœur. »

3 juin 1792.

« Il y a eu du mouvement toutes ces fêtes; le jardin des Tuileries était comble de monde; lundi, on entourait les sentinelles Suisses. L'assemblée a déclaré ses séances permanentes, parce que la chose publique était en danger: des Suisses avaient, dit-on, arboré la cocarde blanche. La garde nationale s'est portée avec zèle au château ; plusieurs disaient aux gardes de la maison du roi : *Tenons-nous bien unis ; c'est le moyen d'être forts.* Ceux-ci ne demandaient pas mieux ; cependant les motions parlaient de les licencier. On portait à l'assemblée des plaintes sur les chefs. Le lendemain, même affluence de monde. Lorsque la garde a monté, des officiers ont été insultés. La garde nationale les a protégés ; elle a fait de fortes patrouilles dans le jardin. On a fait crier *vive la nation!* aux gardes par les fenêtres ; mais les motions augmentaient contre eux. Enfin, dans la nuit, Brissot l'a emporté ; le décret d'accusation contre M. de Brissac a été porté, ainsi que celui du licenciement, parce que, disait-on, l'esprit de cette garde était mauvais, et que les chefs devaient en répondre. M. de Brissac a été arrêté dans les Tuileries, sans que l'on eût prévenu le roi. Lorsqu'il a su le décret et le dessein que l'on avait de désarmer sa garde, il a pris le parti de la suspendre et de la renvoyer à l'École militaire, au grand contentement de la garde nationale, qui l'y a conduite elle-même, au milieu des cris: *vive la nation!* et ne voulant pas souffrir qu'elle marchât le sabre à la main. Voyez qu'en peu d'heures, on change les esprits! Heureux ceux qui ont ce secret! Tout est fort calme; il n'est arrivé aucun malheur pendant ces trois jours. Vendredi, la garde remit ses armes; la garde nationale a repris ses postes chez le roi. Il y a eu aujourd'hui la fête pour le maire d'Étampes. Il me semble que tout s'est bien passé. »

17 juin 1792.

« Je ne puis te dissimuler, ma chère R...., que plus je vais, moins je suis d'avis que vous suiviez votre idée, même dans cet instant; je trouve que cela serait imprudent et déplacé: crois-moi, il faut encore de la patience. R.... a dû vous parler sur le même ton: ainsi vous voyez que ce n'est pas fantaisie de ma part.

« Nous avons encore une fois changé de ministre. Hier, M. de Chambonas a pris les affaires étrangères; M. de Lajard, la guerre; M. Lacoste reste; les autres sont encore *in petto.* Ceux qui sont partis voulaient la sanction sur le décret des vingt mille hommes. Comme le roi ne s'est pas soucié d'allumer la guerre civile, il a mieux aimé accepter leur démission : la garde nationale en paraît contente ; une grande partie craignait ces vingt mille hommes. Je ne t'ai pas écrit depuis la mort de Go... (1). T'en souviens-tu ? On dit qu'il a expiré en disant : *Grand Dieu, pardonnez-moi tous les crimes que j'ai commis!* J'espère que Dieu lui aura fait miséricorde. La mort de son frère et la fête de Châteauvieux lui avaient procuré une peine si profonde, qu'il y a à parier qu'il aura fait de grandes réflexions. »

3 juillet 1792.

« Depuis trois jours, on comptait sur un grand mouvement dans Paris ; mais on croyait avoir pris les précautions nécessaires pour parer à tous les dangers. Mercredi matin, la cour et le jardin étaient pleins de troupes. A

(1) L'ami et le principal agent d'un des premiers chefs constitutionnels.

midi, on apprend que le faubourg Saint-Antoine était en marche ; il portait une pétition à l'assemblée, et n'annonçait pas le projet de traverser les Tuileries. Quinze cents hommes défilèrent dans l'assemblée ; peu de gardes nationaux, quelques invalides ; le reste était des sans-culottes et des femmes. Trois officiers municipaux vinrent demander au roi de permettre que la troupe défilât dans le jardin, disant que l'assemblée était gênée par l'affluence, et les passages si encombrés, que les portes pourraient être forcées. Le roi leur dit de s'entendre avec le commandant pour les faire défiler le long de la terrasse des Feuillants, et sortir par la porte du Manége. Peu de temps après, les autres portes du jardin furent ouvertes, malgré les ordres donnés. Bientôt le jardin fut rempli. Les piques commencèrent à défiler en ordre sous la terrasse de devant le château, où il y avait trois rangs de gardes nationaux ; ils sortaient par la porte du pont Royal, et avaient l'air de passer sur le Carrousel, pour regagner le faubourg Saint-Antoine. A trois heures, ils firent mine de vouloir enfoncer la porte de la grande cour. Deux officiers municipaux l'ouvrirent. La garde nationale, qui n'avait pas pu parvenir à obtenir des ordres depuis le matin, eut la douleur de les voir traverser la cour sans pouvoir leur barrer le chemin. Le département avait donné ordre de repousser la force par la force; mais la municipalité n'en a pas tenu compte. Nous étions, dans ce moment, à la fenêtre du roi. Le peu de personnes qui étaient chez son valet de chambre, vinrent nous rejoindre. On ferme les portes; un moment après, nous entendons cogner : c'étaient Acloque et quelques grenadiers et volontaires qu'il amenait; il demande au roi de se montrer seul. Le roi passa dans sa première antichambre ; là, M. d'Hervilly vint le joindre avec encore trois ou quatre grenadiers qu'il avait engagés à venir avec lui. Au moment où le roi passait dans son antichambre, des gens attachés à la reine la firent rentrer de force chez son fils. Plus heureuse qu'elle (1), je ne trouvai personne qui

---

(1) Mot charmant!

m'arrachât d'auprès du roi. A peine la reine était-elle partie, que la porte fut enfoncée par les piques. Le roi, dans cet instant, monta sur des coffres qui sont dans les fenêtres; le maréchal de Mailly, MM. d'Hervilly, Acloque et une douzaine de grenadiers l'entourèrent. Je restai auprès du panneau, environnée des ministres, de M. de M... et de quelques gardes nationaux. Les piques entrèrent dans la chambre comme la foudre; ils cherchaient le roi, et surtout un qui tenait les plus mauvais propos. Un grenadier rangea son arme, en disant: *Malheureux! c'est ton roi.* Le reste des piques répondit machinalement à ce cri; la chambre fut pleine en moins de temps que je n'en parle, tous demandant la sanction et le renvoi des ministres. Pendant quatre heures, le même cri fut répété. Des membres de l'assemblée vinrent peu de temps après: MM. Vergniaux et Ishard parlèrent bien au peuple, pour lui dire qu'il avait tort de demander ainsi au roi sa sanction, et l'engagèrent à se retirer; mais ce fut comme s'ils ne parlaient pas. Ils étaient bien longtemps avant que de pouvoir se faire entendre; et à peine avaient-ils prononcé un mot, que les cris recommençaient. Enfin, Pétion et des membres de la municipalité arrivèrent : le premier harangua le peuple, et, après avoir loué la *dignité* et l'*ordre* avec lequel il avait marché, il l'engagea à se retirer dans *le même calme*, afin que l'on ne pût lui reprocher de s'être livré à aucun excès dans une fête civique. Enfin, le peuple commença à défiler. J'oubliais de vous dire que, peu de temps après que le peuple fut entré, des grenadiers s'étaient fait jour, et l'avaient éloigné du roi. Pour moi, j'étais montée sur la fenêtre du côté de la chambre du roi. Un grand nombre de gens attachés au roi s'étaient présentés chez lui le matin; il leur fit donner ordre de se retirer, craignant la journée du *dix-huit avril* (1). Je voudrais m'étendre là-dessus; mais, ne le pouvant, je me promets simplement d'y revenir. Mais revenons à la reine, que j'ai laissé entraîner malgré elle chez mon neveu; on

(1) Jusqu'au dernier moment, ce malheureux prince a toujours éloigné ceux qui pouvaient le servir et le défendre.

avait emporté si vîte ce dernier dans le fond de l'appartement, qu'elle ne le vit plus en entrant chez lui. Vous pouvez imaginer l'état de désespoir où elle fut. M. Hue, huissier, et M. de V...., officier, étaient avec lui; enfin, on le lui ramena. Elle fit tout au monde pour rentrer chez le roi; mais MM. de Ch..... et d'H...., ainsi que nos dames qui étaient là, l'en empêchèrent. Un moment après, on entendit enfoncer les portes: il y en avait que le peuple ne put trouver; et, trompé par un des gens de mon neveu, qui lui dit que la reine était à l'assemblée, il se dispersa dans l'appartement. Pendant ce temps-là, les grenadiers entrèrent dans la chambre du conseil: on la mit, et les enfants, derrière la table du conseil; les grenadiers et d'autres personnes bien attachées l'entourèrent, et le peuple défila devant elle. Une femme lui mit un bonnet rouge sur la tête, ainsi qu'à mon neveu. Le roi l'avait eu presque du premier moment. Santerre, qui conduisait le défilé, vint la haranguer, et lui dit qu'on la trompait en lui disant que le peuple ne l'aimait pas; qu'elle était aimée: il l'assura qu'elle n'avait rien à craindre. *On ne craint jamais rien*, répondit-elle, *lorsque l'on est avec de braves gens.* En même temps, elle tendit la main aux grenadiers qui étaient auprès d'elle, qui se jetèrent tous dessus. Cela fut fort touchant.

« Les députés qui étaient venus, étaient venus de bonne volonté. Une vraie députation arriva, et engagea le roi à rentrer chez lui. Comme on me le dit, et que je ne voulais pas me trouver rester dans la foule, je sortis environ une heure avant lui; je rejoignis la reine, et vous jugez avec quel plaisir je l'embrassai: j'avais pourtant ignoré les risques qu'elle avait courus. Le roi rentré dans sa chambre, rien ne fut plus touchant que le moment où la reine et ses enfants se jetèrent à son cou. Des députés qui étaient là, fondaient en larmes: les députations se relevèrent de demi-heure en demi-heure, jusqu'à ce que le calme fût rétabli totalement. On leur montra les violences qui avaient été commises. Ils furent très-bien dans l'appartement du roi, lequel fut parfait pour eux. A dix heures, le château était vide, et chacun se retira chez soi.

« Le lendemain, la garde nationale, après avoir montré la plus grande douleur d'avoir eu les mains liées, et d'avoir eu devant les yeux tout ce qui s'était passé, obtint de Pétion l'ordre de tirer. A sept heures, on dit que les faubourgs marchaient : la garde se mit sous les armes avec le plus grand zèle. Des députés de l'assemblée vinrent de bonne volonté demander au roi s'il croyait qu'il y eût du danger, pour qu'elle se transportât chez lui (1). Le roi les remercia. Vous verrez leur dialogue dans les journaux, ainsi que celui de Pétion, qui vint dire au roi que ce n'était que peu de monde, qui voulait planter un mai.

« Comme je savais que R.... t'avait donné de mes nouvelles, et que je n'ai pas trouvé un instant pour t'écrire, je ne me suis pas trop tourmentée; aujourd'hui même, je n'ai qu'un moment. Nous sommes jusqu'à ce moment tranquilles : l'arrivée de M. de la Fayette fait

(1) Six semaines après, ce fut tout le contraire.

un peu de mouvement dans les esprits. Adieu; je me porte bien, je t'aime, je t'embrasse, et suis bien aise que tu ne te sois pas trouvée dans cette bagarre. »

8 juillet 1792.

« Il faudrait vraiment toute l'éloquence de Madame de Sévigné, pour rendre tout ce qui s'est passé hier; car c'est bien la chose la plus surprenante, la plus extraordinaire, la plus grande, la plus petite, etc. etc., mais, heureusement, l'expérience peut aider un peu la compréhension. Enfin, voilà les Jacobins, les Feuillans, les républicains, les monarchistes, qui, abjurant tous leurs discordes, et se réunissant près de l'arche inébranlable de la constitution et de la liberté, se sont promis bien sincèrement de marcher la loi à la main, et de ne pas s'en écarter. Heureusement, le mois d'août s'approche, moment où, toutes les feuilles étant bien développées, l'arbre de la liberté présentera un ombrage plus sûr. Notre ville est tranquille, et le sera pour la fédération. Je tremble qu'il n'y ait quelques cérémonies religieuses ; tu connais mon goût pour elles ; demande à Dieu, mon cœur, qu'il me donne force et conseil. Adieu ; je t'embrasse et t'aime de tout mon cœur. »

11 juillet 1792.

« Nos bons patriotes de l'assemblée viennent enfin, mon cœur, de prononcer que la patrie était en danger, vu la conduite des rois de Hongrie et de Prusse, sans compter les autres, envers de pauvres êtres paisibles comme nous ; car que peut-on nous reprocher ! Tant il y a que la nation va se lever tout entière.

« Nos ministres ont pris le parti de s'en aller tous les six à la fois ; ce qui n'a pas laissé que d'étonner bien du monde, d'autant que leur détermination a été prompte, et qu'ils n'avaient point de confidents. Il en est deux auxquels je m'étais attachée ; tu conviendras que ce n'était pas la peine.

« Notre fédération s'apprête tout doucement. Quelques fédérés sont déjà ici : ils n'arrivent pas en troupes comme il y a deux ans, mais partiellement. Je viens d'en voir débarquer qui n'ont pas une tournure élégante.

« T.... est assez tranquille chez elle. La mère de L.... se meurt à peu près ; celle-ci est toujours bien vertueuse ; elle est à cheval dans le moment présent. La tante de Louis est arrivée chez sa belle-sœur : elle est touchante dans son erreur. Je lui en ai parlé avant qu'elle partit ; je la crois de bonne foi : elle m'a dit qu'elle priait Dieu de l'éclairer. Le temps fera peut-être quelque effet sur elle : son âme est sensible et droite ; elle aime véritablement tout ce qui a droit à ses sentiments. »

18 juillet 1792.

« Vos prières, quelqu'indignes que vous prétendez qu'elles soient, nous ont porté bonheur, mon cœur: la fameuse journée du 14 s'est passée tranquillement. On a beaucoup crié *vive Pétion et les sans-culottes!* Lorsque nous sommes revenus, toute la garde qui accompagnait le roi, n'a cessé de crier *vive le Roi!* ils étaient tout cœur et tout âme ; cela faisait du bien. Depuis, Paris est fort calme ; on ôte trois régiments et deux bataillons de Suisses pour le camp de Soissons. On fait bien si l'on veut qu'il y ait des troupes ; car le nombre des fédérés qui sont inscrits pour y aller, monte à mille cinq cents. Je ne sais quand les vingt mille hommes seront complets.

« Je me porte bien, mon cœur, à l'exception de la chaleur, qui était très-peu supportable ces jours-ci. Nous avons eu un orage affreux la nuit d'avant-hier ; il a duré un temps immense. Le tonnerre est tombé sur les murs de Versailles. Adieu, mon cœur. Mes lettres doivent bien t'ennuyer ; je crois que dans peu tu n'auras plus la patience de les lire : mais que veux-tu !.... (1) Je t'embrasse de tout mon cœur. »

25 juillet 1792.

« Bonjour, ma R.... Ton Hélène est donc un bijou ! Je n'en doute pas, mais j'en suis charmée ; et je serais encore plus aise, je t'assure,

(1) Elle avait trop de choses à dire, et n'osait rien confier au papier.

de la voir, que de te croire : mais patience ; ta santé, j'espère, ne sera pas bien longtemps à se raffermir, et tu pourrais bientôt me venir joindre. Le beau moment, mon cœur, que celui-là ! nous l'aurons acheté par une bien longue absence ; mais il est un terme à tout. Je ne me flatte pourtant pas de te voir avant l'automne ; mais il est toujours joli de pouvoir en parler.

« Notre journée se passe tranquillement. Les dernières n'ont pas été tout-à-fait de même : on a voulu forcer des portes ; mais la garde nationale, qui s'est conduite à merveille, a fait taire tout cela. On parle de suspendre le pouvoir exécutif, pour passer quelques instants. Pour passer les miens d'une autre manière, je vais, le matin, trois ou quatre heures dans le jardin, pas tous les jours pourtant ; mais cela me fait beaucoup de bien. Adieu ; je t'embrasse de tout mon cœur, et finis faute de pouvoir te rien mander. »

La dernière lettre de Madame Élisabeth est du 8 août 1792. Elle y annonce expressément l'*agonie du pouvoir exécutif.* Elle ajoute qu'elle ne peut entrer dans aucun détail; mais elle indique combien elle souffrait de tous les retards des puissances étrangères.

Lettres à Madame de Causan.

Du 3 septembre 1784.

« Je vous ai fait promettre par votre fille de vous rendre un compte exact de ma journée de lundi. Nous sommes parties à dix heures du matin : il faisait une pluie à verse ; mais, malgré cela, tout le monde était de bonne humeur. Nous sommes arrivées, et avons été sur-le-champ à l'église (1); Madame de Brébeuf y est entrée ensuite. La cérémonie a commencé, et tout s'est passé comme à celle de Madame de Fontange, excepté qu'elle a communié avec la même hostie sur laquelle elle avait prononcé ses vœux ; puis on l'a habillée, et elle a été sous le drap mortuaire. A suivi le moment que j'aime le mieux, qui

(1) Madame Élisabeth ne craignait point d'assister souvent aux professions religieuses ; elle y trouvait toujours de quoi s'édifier.

est le baiser de paix. Il me fait toujours un effet que je ne puis rendre ; c'est de si bon cœur que nous nous embrassons, quoique nous ne nous connaissions pas, qu'il est impossible de n'être pas attendri : mais je n'ai pourtant pas pleuré ; ce n'est pas mon usage. Pour Bombelles, elle était en sanglots ; ce qui a été cause de grandes railleries, qu'elle a soutenues avec plus de courage que la migraine qui a suivi. Plusieurs de ces dames pleuraient aussi : ainsi vous n'eussiez pas été embarrassée, malgré les assistants. J'ai été fort heureuse, et voilà tout. Mais le mercredi j'avais oublié mon bonheur. Celui que je goûte ici est tranquille. Je m'occupe beaucoup depuis huit jours que j'y suis ; j'écris des lettres innombrables : cela ne me plaît guère ; mais lorsqu'on passe autant d'heures dans la journée sans voir autre chose que son chien, ma chère, on n'est pas fâché d'avoir ce genre d'occupation. Je vous prie de croire que sans cela j'en aurais beaucoup d'autres ; par exemple, le dessin. Il y a trois jours que je crie après M. B.... et qu'il ne vient pas ; je meurs de peur qu'il ne soit mort. Quand je dis que je l'attends depuis trois jours, il faut compter que c'est depuis hier. Je vais commencer un petit dessin pour les dames de Saint-Cyr : il est charmant. Je n'ai pas dit à B.... que c'était pour elles ; car je crois que cela l'aurait mis de mauvaise humeur.

« J'attends avec impatience des nouvelles des courses de vos enfants ; je ne doute pas qu'ils n'aient été reçus à merveille : mais je voudrais savoir à quoi en est une certaine grossesse, à laquelle il est permis de ne pas croire. Je voudrais bien qu'il me fût permis de croire à la guérison de votre jambe : je ne désire rien tant ; mais je vois avec douleur ce que l'on désire d'ordinaire, qui est la bonté de votre chair. Ne connaîtriez-vous pas un remède qui pût faire changer cette bonne qualité ! Enfin, mon cœur, je juge d'après toutes les souffrances que vous éprouvez, que vous faites votre purgatoire dans ce monde ; car, malgré vos douleurs, votre caractère est toujours le même : toujours la même amabilité, la même confiance en Dieu, enfin la même résignation ; sans compter toutes les vertus qui naissent de cette résignation. Comment pouvez-vous, malgré toutes vos douleurs de corps et d'esprit, vous croire trop heureuse ! c'est une grâce bien particulière de Dieu. Je l'en bénis, et de ce qu'il m'a choisie pour en être l'instrument. Soyez sûre, mon cœur, que rien ne peut me faire plus de plaisir, que de penser que j'ai pu adoucir un peu l'amertume de vos maux. Que vous êtes bonne de m'associer à vos prières ! Oui, mon cœur, aucune de vos enfants ne vous oubliera ; je puis vous en répondre. J'oubliais de vous dire que, malgré le monde, j'avais passé quelque temps avec mon dépôt dans la chambre du conseil, et une grande partie du reste avec D...., et plusieurs autres dames.

« Votre fille fera bien d'arriver, car je serais capable de lui enlever son trésor ; je sens que je m'y attache beaucoup, et je me propose de lui en faire la peur. »

A la même.

22 novembre 1788 (1).

« Enfin, mon cœur, vous avez eu vous-même des nouvelles de Raigecour. Voilà, j'espère, toutes vos inquiétudes et vos sollicitudes maternelles finies : nous n'avons plus qu'à penser et à souhaiter d'arriver à l'heureux jour où on lui permettra de monter en voiture. Sur cela, je partagerai vivement votre impatience; car j'avoue qu'il m'ennuie de la sentir à Fontainebleau. Mais aussi c'est le seul sentiment que j'éprouve dans son absence : l'inquiétude ne s'y mêle en rien. Je sais qu'elle est bien, et très-bien; que Lott..., qui en a bien soin, est content; que M. D....., médecin

(1) Madame de Causan était déjà attaquée de la maladie qui devait la conduire au tombeau. Sa fille, Madame de Raigecour, était accouchée à Fontainebleau d'un garçon, qu'elle venait de perdre; et elle y essuya une maladie violente, pendant que sa mère se mourait à Paris. C'est cette double position qui a donné lieu à Madame Élisabeth de se livrer à tous les sentiments exprimés dans les lettres suivantes.

de Fontainebleau, et pour lequel j'ai une petite passion dans le cœur, est très-satisfait ; que Madame de La...., qui aime bien Raigecour, et qui lui en donne une grande preuve dans ce moment, m'écrit une lettre bien folle: tout cela me fait juger que nous le serions, si nous pensions à nous inquiéter. Or, comme ni vous ni moi n'avons le désir de le paraître, nous allons tout simplement nous occuper du soin de rendre grâces à Dieu de l'heureux état de Raigecour, et de féliciter le pauvre petit *Stanislas,* qui a reçu sa récompense d'aussi bonne heure. Qu'il est heureux ! qu'il est heureux ! et qu'il a évité de dangers, auxquels il aurait peut-être succombé pendant sa vie ! J'aurais scrupule de prier pour lui.

« A présent vous allez dire à Mauléon: *Prenez la plume, ma fille, et donnez à Madame de mes nouvelles. Dites-lui que je suis bien sage, que je l'aime encore un peu, parce que cela lui fera plaisir.* Et puis moi, je vous dirai qu'il est impossible d'être plus aimable que votre secrétaire, et que je vous embrasse toutes deux de tout mon cœur. »

A Madame Marie de Causan.

Ce 1er décembre 1785.

« Je n'ai pas encore reçu le courrier, mais je ne fermerai pas ma lettre sans cela; c'est le médecin qui en est cause. Ainsi j'espère que vous n'en êtes point en peine. J'ai été bien touchée de ce que vous me mandez de Madame votre mère; j'espère et je désire que toutes ses précautions soient inutiles. Je ne connais point de cérémonie (1) plus touchante, et qui en même temps inspire plus de terreur, que celle dont vous avez été témoin hier; joint à cela l'inquiétude où vous étiez. Il est impossible que vous ne fussiez infiniment émue. Croyez, mon cœur, croyez que les prières que votre mère n'aura pas manqué de faire, attireront des grâces sur votre sœur : mais nous ignorons de quel genre; et c'est sur quoi il faut absolument s'en rapporter à la Providence. On prie beaucoup à Saint-Cyr. Nous sommes sûres que ces prières seront bien

---

(1) Madame de Causan venait d'être administrée.

reçues de Dieu. L'abbé M..... a dit aussi la messe pour elle. Enfin, mon cœur, il faut espérer que toutes ces prières réunies forceront le ciel de vous rendre celle dont nous craignons si fort d'être séparées. Je ne sais pourquoi, mais je suis toujours prête à espérer. Ne m'imitez pas, mon cœur: il vaut mieux craindre sans raison, que d'espérer ainsi. Le moment où les yeux s'ouvrent, est toujours moins fâcheux.

« Vous êtes l'objet de mon admiration; il est impossible de réunir autant de qualités que vous en réunissez : que de courage, de sensibilité, de force! Il faut que vous ayez un grand empire sur vous-même, pour que votre mère ne se doute pas qu'on lui cache quelque chose; et il est vrai que, dans l'état où elle est, on a peu de prévoyance; les maux de nerfs accablent totalement; et il le faut bien, puisqu'elle est plus occupée d'elle que de Raigecour; rien n'est plus éloigné de son caractère, que cette manière d'être. Je suis bien aise que S.... ne soit pas inquiet, et suis fâchée de n'avoir pas pris sur moi d'envoyer tout de suite le M...., puisque j'aurais rempli votre intention, et évité à votre mère le chagrin de voir partir son médecin. Mais, d'un autre côté, je ne suis pas fâchée qu'il ait vu votre sœur; il aura peut-être éclairé les autres.

« En relisant ma lettre, je pense que vous prendrez peut-être toutes ces vérités pour des fadeurs: dans ce cas, appliquez-les à une autre, et ne manquez pourtant pas d'ajouter que rien n'est plus vrai.

« M. le prince de L....., qui loge au-dessus de moi, m'impatiente; je crois qu'il marche avec des bottes fortes, et je le prends toujours pour des nouvelles.

« Voilà enfin le bulletin; il est plus tranquillisant: Madame de L..... me mande que votre sœur s'est confessée, qu'elle a reçu ses sacrements, et qu'elle est plus tranquille; elle les a demandés elle-même. Le M.... ne la trouve pas aussi mal qu'il s'y attendait: il persiste à croire qu'il n'y a pas d'abcès; mais il ne peut prononcer que demain. Il est plus tranquillisant que les autres. Je me hâte pour vous tranquilliser plus vite. »

A la même.

8 décembre 1785.

« Je suis émue et affligée au dernier point, mon cœur, de l'état de votre mère : l'arrêt de S.... me fait frémir. J'écrirai à Madame de La.... pour que l'on trouve des prétextes pour faire rester votre sœur à Fontainebleau. Ils seront d'autant plus aisés, que, quoiqu'elle soit bien, de longtemps elle ne sera en état d'être transportée. Si vous ne craignez pas d'attendrir votre mère, dites-lui combien je partage ses douleurs, que je voudrais les prendre toutes, que je suis bien affligée de ne pouvoir lui rendre les soins que la tendre amitié que j'ai pour elle me dicterait. Il m'en coûte bien depuis trois semaines d'être princesse : c'est souvent une terrible charge; mais jamais elle ne m'est plus désagréable que lorsqu'elle empêche le cœur d'agir.

« Vous avez sous vos yeux, mon cœur, le triomphe de la religion. Je ne doute pas que vous ne prouviez dans l'occasion qu'elle seule peut nous faire supporter le malheur, et, s'il est possible, le rendre léger. Je vois que vous aurez la grâce d'une résignation parfaite à la volonté de Dieu. Il ne faut qu'un véritable désir pour l'obtenir; et vous sentez trop combien elle vous est nécessaire pour ne pas la désirer vivement. Espérez tout de ce père qui vous aime si tendrement; il vous soutiendra, partagera votre peine, et la rendra moins pesante. Pardon, mon cœur, de ce petit mot de sermon: quoiqu'il soit médiocre, dans la position où vous êtes, on est toujours bien aise d'entendre un peu parler de Dieu; c'est ce qui m'a encouragée à cette insolence.

« Je prierai certainement les dames de Saint-Cyr de prier pour votre mère; et elles le feront de tout leur cœur, car elles aiment beaucoup votre mère. Je vous en prie, dites-lui aussi que je prie pour elle. J'ai eu peur, le jour que je l'ai vue, qu'elle ne fût fâchée, parce que je lui ai dit que je ne priais pas; et quoique mes prières soient bien mauvaises, je prie exactement depuis ce moment.

« Madame de Chois..... n'aura votre lettre

que demain, parce que ces voitures sont d'une inexactitude insupportable, et qu'elle n'est arrivée que très-tard; le courrier était parti. Adieu, mon cœur; j'espère que vous avez un peu d'amitié pour moi : cela me fait bien plaisir, vous aimant beaucoup. Je vous embrasse de tout mon cœur. »

A la même.

10 décembre 1785.

« Le bulletin d'aujourd'hui, mon cœur, me fait plaisir : je le trouve bon; je reprends courage, en même temps que votre mère reprend de la force et de la nourriture. Je pense que, si cela continuait quelques jours, il serait cruel de laisser votre sœur à Fontainebleau; c'est de ces attentions qu'on ne pardonne guère, quoiqu'elles soient bonnes en elles-mêmes : je crois qu'il faudrait que S.... en écrivît ou à le M... ou aux autres médecins, pour qu'ils consultent si Raigecour est en état de voir sa mère souffrante. Votre sœur commence à manger du poulet : ainsi, d'ici à quelques jours, elle aura repris des forces, et l'on espérait qu'elle serait dans peu en état de partir. Consultez sur cela votre frère, S...., Madame de Chois...., enfin tous vos amis, et M. Dasp.... que je nomme le dernier, parce que je suis en colère contre lui; je voudrais bien savoir de quoi il s'avise de vous gronder de m'avoir mandé une chose qui m'intéressait autant que l'état affreux où était votre mère. Heureusement que vous ne l'avez pas écouté, et que vous avez rendu plus de justice que lui à l'intérêt que j'y prends.

« Je meurs d'envie de me livrer à l'espoir, mais je n'ose pas encore: pourtant, si ce mieux se soutient, nous pourrions croire qu'elle en est quitte pour cette fois-ci. Que j'en serais aise, mon cœur! Mais n'en parlons pas; ce serait trop joli.....

« Quoique Madame de Ch.... ne soit plus à Fontainebleau, voulez-vous bien m'envoyer tous les jours un bulletin pour moi! Le courrier l'ira prendre; et si vous voulez que votre mère l'ignore, vous n'avez qu'à dire à vos gens de n'en pas parler, et de l'empêcher d'entrer. Adieu, mon cœur; j'espère que vous êtes plus tranquille; je désire que vous le soyez de plus en plus: je vous embrasse de tout mon cœur. »

A la même.

14 décembre 1785.

« Votre lettre m'a touchée, mon cœur, à un point que je ne puis rendre que faiblement : la résignation et le courage de votre mère, son désir de recevoir encore celui qui lui donne la paix et la tranquillité, l'état où vous êtes, tout ce que vous me dites, m'a émue à un point extrême. J'ai été bien attendrie de son souvenir. Je vous l'ai déjà dit, mon cœur; mais je ne puis trop le répéter: c'est une vraie peine pour moi de ne pouvoir la soigner. Si je n'avais pas craint de l'émouvoir, j'aurais au moins été la voir : mais je me suis refusé cette consolation. Mais, mon cœur, si elle marquait le moindre désir que j'y allasse, j'espère que vous me le manderiez, et que vous n'auriez nulle crainte de me faire voir un spectacle aussi touchant: il ne pourrait que m'édifier. Cependant ne faites point naître ce désir; il serait trop dangereux s'il ne venait point d'elle. Il serait bien difficile que vous eussiez des consolations sensibles dans le moment où vous êtes: mais votre résignation vous en attirera; et si vous voulez bien vous examiner, mon cœur, le calme que vous ressentiez ce matin ne venait-il pas de Dieu, peut-être même de la lecture que vous avez faite cette nuit, qui ne vous a point fait effet dans le moment, mais qui a gravé dans votre cœur la vérité qu'elle contient, et dont vous vous êtes fait l'application sans vous en douter? Croyez que Dieu a beau avoir l'air sévère, il est toujours plein de miséricorde pour ceux qui le servent fidèlement. Ne cherchez pas de consolations dans ce moment; ce ne serait pas le moyen d'en obtenir: contentez-vous de continuer, comme vous faites, de lui offrir à tout moment vos peines, et le sacrifice qu'il exige peut-être de vous. Regardez en même temps ce qui peut être un sujet de consolation: jugez votre malheur d'après celui des autres, et vous verrez que vous êtes moins à plaindre que vos sœurs. Vous jouissez au moins des derniers moments où vous pouvez voir, entendre votre mère, et lui rendre tous les soins que votre cœur vous dicte; au lieu qu'elles joindront au malheur de ne la plus voir, celui de ne l'avoir pas vue jusqu'au dernier moment. Que cette idée vous fasse supporter votre peine, sans vous pénétrer de celle à venir des autres.

« Raigecour ne saura pas de sitôt nos inquiétudes: je prierai Madame de L.... de me mander quand elle voudra revenir, pour que vous y envoyiez quelqu'un. On ne m'avait pas mandé qu'elle fût inquiète et agitée, mais qu'elle parlait souvent de son fils, et qu'on la distrayait de cette idée. Je n'en suis pas fâchée; cela prouve qu'elle recouvre toutes ses facultés. Le pauvre curé qui a eu la gaucherie de lui annoncer la mort de son fils, en a, dit-on, une attaque de chagrin. Je suis bien aise pour votre mère, et pour vous surtout, que l'abbé Lenfant soit venu; il vous aura fait du bien par sa morale, et par sa douceur, qui prêche aussi bien que lui.

« J'espère que vous serez convaincue, mon cœur, que, dans tous les temps, vous trouverez en moi une amie prête à tous les services que cette même amitié exigera, et que je n'oublierai jamais celle que votre mère veut bien avoir pour moi, qui en suis peut-être digne par le prix que j'y attache et le tendre retour que je lui ai voué. Je vous embrasse mille fois de tout mon cœur. »

A la même.

15 décembre 1785.

« La prudence, mon cœur, la crainte d'abréger encore les jours de votre mère par la moindre émotion, me forcent à faire de nouveau à Dieu le sacrifice que je lui avais déjà fait, de ne pas voler chez elle. Il m'en coûte plus que vous ne pouvez l'imaginer ; mais Dieu l'exige. Quel reproche n'aurais-je pas à me faire, si le désir que j'ai de la voir vous en privait quelques minutes plus tôt ! Mais, mon cœur, que je serais malheureuse, si elle et vous pouviez croire que ce ne soit pas la véritable raison, et que la crainte de voir un spectacle aussi triste en soit seule cause! Dieu m'est témoin que mon cœur est bien loin de ce sentiment. Dites à votre mère tout ce que mon cœur sent de regret de ne pouvoir pas la voir, de reconnaissance de tout ce qu'elle me fait dire par vous. Si vous le pouvez, dites-lui que j'espère qu'elle ne m'oubliera jamais; qu'elle me donnera les grâces nécessaires pour persévérer, comme elle me l'assure; que je me fais une grande violence pour ne pas l'aller voir: mais je le dois. La vicomtesse d'Aumale, qui m'y engage pour elle seule, me charge de vous dire que vous n'entendez point parler d'elle, parce qu'elle est ici; mais qu'elle pense bien à votre mère, qu'elle l'aime bien tendrement, qu'elle partage bien vivement la peine que je resséns. Adieu, mon cœur; vous voyez ma raison, le chagrin que j'en ai. Mais S....., mais vous, mais votre sœur, mais vos amis, tous trouveront que je fais bien; mais vous seule pouvez sentir et partager ma peine. Je vous embrasse mille fois, et j'espère que Dieu ne vous abandonnera pas: je le prierai bien, mon cœur, de vous faire la grâce de lui être bien soumise, et de vous accorder, ainsi qu'à votre mère, par votre résignation, toutes les grâces qui vous sont nécessaires à l'une et à l'autre. »

A la même.

17 décembre 1785.

« J'ai été affligée en lisant votre lettre, mon cœur. Quoiqu'il n'y ait rien qui me le pût faire croire, j'ai eu peur que vous ne trouviez ma réponse d'hier inconséquente; mais, si vous voulez relire ma lettre de la veille, vous verrez que, malgré le désir que j'avais de voir votre mère, je le sacrifiais dans la crainte qu'elle n'en fût fatiguée; que seulement je vous priais, si elle le demandait, de me le dire, mais de ne point lui inspirer ce désir; qu'il serait trop dangereux. Je ne vous avais fait cette question qu'au cas qu'elle voulût me parler, comme il arrive quelquefois à l'article de la mort. Vous la croyez à l'abri de toute émotion; mais, quoiqu'elle soit tout'abîmée dans la pensée de l'éternité, vous me donnez des preuves du contraire, puisque la vue de le M.... lui a tant déplu; celle de quelqu'un pour qui elle a eu de l'amitié, lui ferait bien plus d'impression, et peut-être fâcheuse. Elle y avait préparé son courage; elle en avait donc besoin. Tout me prouve que j'ai bien fait de me faire cette violence; et je vous assure que je ne vais pas au-devant de cette preuve: on ne recherche pas naturellement des choses aussi désagréables. Ainsi, vous pouvez m'en croire sans scrupule, mon cœur: je serais désolée si votre mère pouvait avoir des pensées contraires; et j'espère que vous voudriez bien les effacer, et lui dire qu'il m'en coûte infiniment, et que c'est pour elle seule que je n'ai pas suivi le mouvement de mon cœur, qui me portait bien à l'aller embrasser encore, m'édifier de ses vertus. Pardon, mon cœur, si je me suis laissée aller à ma sensibilité; vous n'avez pas besoin que la vôtre soit excitée: mais il m'était nécessaire de vous dire encore ce que j'avais dans l'âme sur tout cela; il me serait insupportable que vous eussiez cru un moment que je manque de sentiment pour votre respectable et vertueuse mère, que j'aime plus que je ne peux l'exprimer. Ses vertus sont portées à un point bien sublime, que j'admire et dont je bénis le ciel. Que l'idée de l'éternité devient douce, lorsqu'en ce moment l'on peut se dire : j'ai vécu toute ma vie pour Dieu; j'ai peu de fautes à lui présenter, mais beaucoup d'amour et de désir de jouir du bonheur réservé à ceux qui l'ont servi avec autant de fidélité et d'amour que votre mère! Il y a longtemps qu'elle se prépare à ce moment, et elle en reçoit la récompense.

« J'ai été hier à Saint-Cyr; on y prie pour votre mère de tout son cœur, et l'on m'y a bien parlé d'elle, ainsi que de votre sœur et de vous. Del... est dans l'enchantement de la lettre que vous lui avez écrite. Je n'ai reçu votre seconde qu'en rentrant: j'y ai envoyé; et dès que votre sœur sera éveillée, vous aurez la réponse. Adieu, mon cœur; aimez-moi un peu, et ne m'écrivez qu'un mot pour me dire que vous n'êtes point fâchée; car cette idée ajoute encore beaucoup à ma peine: mais ne le faites que si vous en avez le temps; car, dans l'état où vous êtes, il est inouï que vous en ayez le courage, et il serait cruel de vous le demander. Je vous embrasse mille fois, mon cœur.

« J'ai vu ce matin le M...., qui m'a répété ce que vous m'avez dit; il a ajouté que, si le ventre se détendait, il espérait que cela serait encore plus long. Vous êtes bien aimable de m'avoir fait partager cette faible espérance ; j'en suis digne par l'intérêt que j'y prends. Le bulletin de ce matin me fait plaisir ; je voudrais qu'il continuât sur ce ton. Je vous embrasse encore de tout mon cœur. »

A la même.

24 décembre 1785.

« Monsieur était chez moi lorsque je vous ai écrit; ce qui fait que je n'ai pu vous assurer que j'exécuterais vos ordres pour ma communion : mais j'espère que vous n'en avez pas douté. C'est ce matin que j'ai eu ce bonheur, et quoique mes prières soient bien mauvaises, et que ma personne soit bien indigne de prier pour votre mère, je l'ai fait, et en même temps j'ai un peu prié pour ses enfants. Que vous êtes heureuse, mon cœur, de communier à la messe de minuit! c'est tout ce que je désire, et ce qui ne m'arrivera jamais. J'espère, mon cœur, que vous y penserez à moi. J'ai vu Mademoiselle de Fl... dimanche; elle m'a dit que le curé de Saint-Sulpice était d'une grande édification de votre mère. Cela ne m'a point étonnée, comme vous le sentez: je suis accoutumée à l'être par elle. Je vous écris, parce que cela me fait plaisir, et non pour que vous me répondiez. Ainsi, mon cœur, ne vous gênez point; j'aime mieux que vous m'aimiez sans m'écrire, que de m'écrire sans m'aimer. »

A la même.

Décembre 1788 (1).

« Votre lettre, mon cœur, m'a pénétrée et d'admiration et de douleur. Oui, sans doute,

(1) Cette lettre est écrite après la réception de celle qui annonçait la mort de Madame de Causan.

votre mère jouissait déjà du bonheur qui lui est réservé : il est impossible de n'être pas consolé de la voir pénétrée d'amour de Dieu et du désir de le posséder à jamais. Vous êtes bien heureuse, mon cœur, d'avoir aussi bien profité des exemples d'un aussi bon modèle. Dieu vous en récompensera, en vous accordant la grâce dont vous avez besoin dans cette occasion. Ayez confiance en lui, mon cœur : il n'abandonnera ni votre sœur ni vous ; il vous donnera la force de soutenir cet assaut. Votre frère mandera à Madame de L..... ce qu'il voudra qu'elle fasse : elle pense qu'il faut attendre, pour commencer à lui dire que sa mère est malade, que Raigecour soit ramenée à Versailles, pour éviter qu'elle retombe malade là-bas. Lorsqu'elle le saura, il me semble que rien ne peut vous empêcher de venir la voir : cependant je vous prie de ne le point faire, que les médecins n'aient jugé qu'il n'y a pas d'inconvénient. Soyez sûre que nous hâterons ce moment le plus que nous pourrons pour la consolation des deux ; car je ne doute pas qu'elle ne le désire beaucoup.

« Vous n'avez pas besoin de la prier de se souvenir de vous. Soyez sûre qu'elle ne cessera de veiller sur ses enfants, et de demander tout ce qui leur sera utile: aussi suis-je bien reconnaissante que vous m'ayez mise du nombre. Je redoute, comme vous, ces faiblesses qui vous ont effrayée: il faut mettre, à son exemple, nos craintes et nos désirs au pied du crucifix: lui seul peut nous apprendre à supporter les épreuves que le ciel nous destine. C'est là le livre des livres, mon cœur; lui seul élève et console l'âme affligée. Dieu était innocent, et il a souffert plus que nous ne pouvons jamais souffrir, et dans notre cœur, et dans notre corps: ne devons-nous pas nous trouver heureux d'être aussi intimement unis à celui qui a tout fait pour nous? Que cette idée nous encourage, mon cœur, et nous fortifie! Il y a de cruels moments à passer dans la vie, mais c'est pour arriver à un bien infiniment précieux pour quiconque est un peu pénétré d'amour de Dieu: et qui sait si nous ne serons pas bientôt à cet instant redouté de tant de personnes et si désiré de votre mère?

Tâchons de mériter qu'il soit aussi calme et aussi exemplaire.

« Quoique je vous exhorte à la résignation, je vous assure, mon cœur, que je suis bien loin de l'avoir, quoique pénétrée des grandes vérités dont je vous parle.

« Je n'ai point envoyé Lou..... à Fontainebleau; c'est lui qui, par amitié pour votre sœur, y a été : il reviendra demain l'après-midi. Adieu, mon cœur; j'espère que vous êtes convaincue de l'amitié que j'ai pour vous, et que je n'ai pas besoin de vous l'assurer davantage.

« Si vous allez à Suzy, vous continuerez à m'écrire, lorsque vous en aurez envie et besoin. Je n'en sais plus l'adresse. Je vous embrasse de tout mon cœur. »

À la même.

Février 1786.

« Je grognais déjà : il y a plus de huit jours que je n'avais eu de vos nouvelles de Suzy; et si Madame de La..... ne m'en avait donné, j'aurais été fâchée tout de bon contre vous, Madame, qui prétendez qu'on ne pensera bientôt plus à vous. Vous tenez là des propos très-ridicules; et si vous ne vous taisez, on instruira votre procès, qui sera jugé des plus sévèrement. A propos de procès, le cardinal est au criminel; Dieu sait quand et comment cela finira: en attendant, il ne jouit pas du beau temps qu'il fait; et c'est ce qui, à sa place, me pénétrerait de douleur. J'ai bien été me promener à Montreuil tous ces jours-ci, et j'y ai joui du triste spectacle d'un agonisant, un nommé *Pêcher,* que votre sœur connaît: il est mort en six heures de temps; je suis fâchée de sa mort; c'était un homme intelligent et actif. Je lui ai vu recevoir le bon Dieu; je ne crois pas que cela s'efface de longtemps de ma mémoire. Priez pour que j'en profite.

« Vous sentez que je n'ai pas été peu touchée de l'empressement que vous avez de remonter toutes les deux dans vos chambres. Pour moi, j'interromps tout en pareille occasion. Que vous êtes bien aimable! La conversation eût-elle tous les attraits possibles, rien ne me fait un égal plaisir, surtout lorsqu'il n'est plus question ni de colique, ni de mal de côté. Je suis très-aise que vous ayez écrit à D..... et que vous en soyez aussi éprise. Ma santé est bonne; je vais déjeûner, et puis à la chasse. »

A la même.

1ᵉʳ mars 1786.

« Je suis bien contente, mon cœur, de ce que vous me dites de votre sœur. Je serais fâchée que ses douleurs de côté reprissent vivement; mais comme j'espère qu'elles ne tiennent qu'à la fatigue, j'espère aussi que cela n'aura pas de suite : de plus, lorsqu'on a une obstruction, il arrive souvent que l'on en souffre; ainsi vous avez tort de vous en tant affliger. Mais votre sœur aurait encore plus de tort de n'être pas d'une parfaite exactitude à son régime; c'est absolument nécessaire. D.... me disait encore, l'autre jour, qu'elle n'était point forte, qu'elle avait besoin de ménagement. Je suis convaincue que le carême lui fera du bien : elle ne jeûnera pas ; mais elle se privera de tout ce qui ne lui est pas permis ; par exemple, des courses trop fortes, que le désir et le besoin de se dissiper lui font entreprendre. Sa position est terrible : il faut qu'elle ne fasse rien qui la fatigue ; et aussi il est nécessaire qu'elle chasse les idées noires qui l'occupent sans relâche. Vous avez toutes deux une douleur et une inquiétude différentes, qui viennent de votre santé. Je suis, comme vous, dans l'étonnement et l'admiration que votre sœur n'ait pas été enchantée du spectacle. De plus, son cœur est placé, et son sort décidé ; au lieu que vous, mon cœur, vous ne savez ce que vous deviendrez. Vous n'aviez jamais pensé que votre mère pouvait vous être enlevée ; vous vous reposiez de tout sur sa vigilance, sur ses soins : souvent elle vous évitait des peines en prévenant de petites fautes, peut-être même sans que vous vous en fussiez doutée. Maintenant son souvenir vous accable : cet amour-propre qui était satisfait de plaire à votre mère, cherche une autre pâture ; il en a besoin : la seule qui lui convienne est Dieu ; il y trouvera son compte, si vous le lui livrez tout entier. Qu'est-ce qui peut le satisfaire davantage que de pouvoir dire : *J'ai bien fait ; Dieu est content de moi, il m'approuve ; je suis dans la voie où il m'appelle ?* Et vous y serez toujours, mon cœur, lorsque vous en aurez le désir : il suffit d'y dresser son intention. N'allez pas vous troubler le cœur, en cherchant à découvrir ce que Dieu exige de vous : il vous l'a caché, il ne veut donc pas que vous l'interrogiez. Soumettez-vous, mon cœur : vous ne le ferez pas changer : allez au jour le jour ; dites-vous le matin tout ce que vous devez faire dans la journée, et pourquoi vous devez le faire ; n'anticipez pas sur le lendemain, et ne changez jamais de résolution bien prise, sans de très-fortes raisons. Quelque temps de fermeté sur vous-même remettra le calme dans votre cœur ; et sur toute autre chose, chassez-en le scrupule ; car rien ne trouble et ne jette dans la mauvaise voie comme le scrupule. Le scrupuleux ne peut ni parler, ni se taire, ni agir, ni rester, sans croire avoir offensé Dieu grièvement. Allons à Dieu avec la confiance qu'il a si bien méritée. Pourquoi nous troubler sur ce que nous deviendrons? nous serons fidèles, et Dieu y pourvoira. Quelle tournure aurai-je dans le monde? celle que j'y ai eue jusqu'à présent; j'y serai douce, simple, réservée, ne m'y livrant point, parce que j'en connais le danger, etc. »

A la même.

13 mars 1786.

« Que vous êtes drôle, mon cœur, d'avoir eu peur de la lettre que vous m'avez écrite! Je vous assure qu'elle m'a fait grand plaisir, et que je suis très-touchée de la confiance que vous avez en moi; je n'ai que le regret de n'en être pas assez digne et de ne pouvoir calmer à jamais votre âme: mais, comme il faudrait être non-seulement plus sainte, mais plus puissante que moi, je ne l'entreprendrai pas, et je me contente d'être parfaitement heureuse que mes lettres vous fassent du bien dans le moment. Je suis convaincue que vous n'aurez pas autant de peine que vous le craignez, à vous décider de vous approcher des Sacrements: vous en sentirez le besoin, mon cœur; et pour peu que vous ayez été exacte à y aller deux ou trois mois, cela ne vous coûtera plus par la suite. D'ailleurs, vous aurez bien le temps de vous y préparer, n'étant pas exposée à beaucoup de distractions.

« Vous avez besoin de consulter le curé pour l'instruction de votre cœur, pour reprendre souvent du courage; tout cela vous mènera à vous confesser sans vous en douter. Je conçois le désir que vous avez de commencer les fonctions dont vous a chargée votre mère: les conseils qu'elle vous donnait, seront toujours présents à votre esprit, et vous donneront les lumières nécessaires pour inspirer à la pauvre petite les sentiments que vous désirez qu'elle ait. Mais ne vous troublez pas, mon cœur, d'en être éloignée; vous ne l'avez fait que d'après le conseil de gens sages et éclairés. D'ailleurs, les trois semaines seront bientôt passées, après lesquelles vous la rejoindrez et vous vous livrerez tout entière à bien remplir les vues de votre mère; et si elle avait perdu quelque chose dans cette courte absence, vos soins répareront bien vite ce petit mal : elle aura été fort occupée de sa première communion, et peut-être lui trouverez-vous plus de facilité et d'ouverture.

« Ne vous inquiétez pas de la santé de Raigecour; D.... la verra à son retour : on a bien fait de lui écrire. Je suis bien pressée, et je finis en vous embrassant toutes les deux de tout mon cœur.

« J'ai oublié d'envoyer ma lettre à la poste; ainsi nous allons causer encore un peu.

« Il me tarde de lire la vie de votre mère; elle m'édifiera et me fortifiera : j'en ai plus besoin que personne; je suis bien faible, et d'autant plus coupable, que rien ne me distrait, ni chagrin, ni inquiétude, ni plaisir bien vif. J'en aurai bientôt un, qui n'est pas de ce monde, et que votre sœur regretterait bien, si sa santé était meilleure : c'est une profession, à Saint-Cyr, de deux dames (dont une belle comme un ange), qui s'appellent *de Verteuil* et *de Bar*; vous vous unirez à ma joie, mon cœur. Si votre sœur est bien le samedi-saint, nous irons y chanter l'*Alleluia*. »

A la même.

10 avril 1786.

« Enfin, mon cœur, cette lettre vous trouvera à Paris. Je suis une bien ingrate créature : vous êtes si généreuse dans vos sacrifices, qu'il est indigne à moi de vous parler du bonheur que j'éprouve de sentir votre sœur plus près de moi. Je voudrais bien être déjà au mardi de Pâques : cela n'est pas trop bien ; car cette semaine est bien bonne, bien sainte, bien capable de renouveler en nous cet esprit de ferveur qui a tant de penchant à se refroidir. Vous serez peut-être affligée de vous retrouver à Paris ; et vous le serez surtout d'entrer à Bellechasse : cela est parfaitement naturel ; mais, mon cœur, vous êtes destinée à y vivre. Il faut vous y rendre heureuse ; et pour cela, il faut vous faire un plan de vie tout occupée, où le monde n'entre pour rien, dont rien ne vous dérange, que vous suiviez du moment même où vous aurez mis le pied dans le couvent. Vous allez me trouver bien sévère: mais, mon cœur, l'homme est si faible, que nécessairement il se relâche dans ses bonnes résolutions; et vous seriez bien étonnée, si, malgré vos résolutions, vous veniez à vous apercevoir, au bout de deux mois, que vous n'avez pas suivi votre plan: et quelle peine presque insurmontable n'auriez-vous pas à le reprendre! Je vous en parle par expérience: j'ai été très-dissipée cette année; le voyage de Saint-Cloud, et même l'été, m'avaient absolument ôté le goût de la vie presque solitaire que je mène. Je m'ennuyais, je me déplaisais chez moi; enfin, si une grâce particulière ne fût venue m'aider, j'aurais peut-être fini par haïr la vie tranquille et douce, loin du tumulte du monde. Fuyons le monde, qui n'a que trop de charmes pour un cœur qui craint de rentrer en lui-même et de se voir tel qu'il est. Vous êtes, Dieu merci, loin de cet état: mais vous avouez vous-même que vous aimeriez le monde, les spectacles; vous n'y êtes pas destinée. Votre état, votre âge, vos principes, les ordres de votre mère, etc., etc. Il faut donc éviter tout ce qui peut vous faire sentir ce vide, cet abandon, ce besoin que votre cœur a d'attachement, tous moyens dont le démon se sert, et dont il se servira avec bien plus de succès et de malice, au moment où vous vous séparerez de votre sœur. Il faut, mon cœur, user de votre courage et de votre religion. Vous avez le bonheur d'avoir un confesseur en qui vous pouvez avoir toute confiance; c'est un grand don du ciel: profitez-en, ouvrez-lui votre cœur sans réserve; la plus petite vous priverait peut-être de bien des grâces: et quelle consolation n'éprouve-t-on pas de verser toutes ses peines dans le sein d'un ami sincère, éclairé, qui vous présentera toujours le véritable remède, qui vous entendra parfaitement lorsque vous lui parlerez de votre mère, de vos regrets, des lumières que vous trouviez en elle et qui vous manquent à présent, qui vous rappellera les exemples qu'elle vous a donnés toute sa vie !

« J'ai fait mes pâques ce matin; je me suis rappelé une certaine semaine sainte que j'ai passée avec votre mère. Que nous étions heureuses ! Jamais je n'en passerai de pareille ; elle m'assura que je persévérerais : elle en sera la cause ; ses exemples, cette dernière parole, la lettre qu'elle m'a écrite, tout me donne de la confiance. Vous lui avez dit de me mettre au nombre de ses enfants. Ah ! j'y suis bien de cœur ; car je l'aimais bien, bien tendrement..... Mais j'ai peur de vous attendrir, en vous rappelant un souvenir aussi touchant que pénible pour votre cœur. Je me suis laissée aller au désir du mien, en parlant d'un objet aussi intéressant pour vous que pour moi : n'en parlez pas à votre sœur ; sa santé exige plus de ménagement. Pardon aussi de mon sermon. »

A la même.

29 avril 1786.

« Vos lettres me font grand plaisir, mon cœur : j'avais peur que vous ne fussiez fâchée contre moi ; mais la dernière me prouve que vous êtes trop indulgente, et je vous en rends grâces bien vivement.

« J'espère que vous aurez fait des jugements téméraires sur la paresse des voyageurs. Je ne suis plus inquiète de ces élancements, puisque la tumeur est si près d'être partie. Les eaux, et surtout le régime qu'elle suivra, la guériront, j'espère, tout-à-fait, pour cette partie-là. Je compte la bien prêcher, toutes les fois que je lui écrirai, pour qu'elle prenne exactement ses bouillons; ce que je crois bien essentiel, parce que, tant qu'elle conservera quelque embarras, sa santé ne sera jamais parfaite. J'espère que vous en ferez autant de votre côté, afin qu'elle n'en prétexte pas cause d'ignorance. Je suis bien aise qu'elle ait amené Joseph; le pauvre petit sera mieux avec elle, plus tranquille: mais ce sera un grand crève-cœur en arrivant à Fr... de n'avoir que son neveu à présenter. Vous avez donné une bien bonne idée à votre frère pour la Suisse: je désire qu'elle puisse avoir lieu; car j'avais une belle peur qu'elle ne fût à Plombières, etc., etc.

« Vous voilà donc établie dans toutes vos fonctions ; j'en suis bien aise. Je me réjouis aussi de ce que la petite est dans un moment de ferveur; cela vous donnera du courage pour les moments de dégoût, qui ne seront pas rares, j'ai peur : mais, comme vous profiterez bien de celui-ci pour prendre de l'ascendant sur elle, en lui faisant sentir que vous ne voulez que son bonheur, vous réparerez les torts qu'on lui a faits à....; et vous serez pour le coup bien glorieuse et bien heureuse des éloges qu'on lui donnera. Vous avez bien raison de ne la vouloir pas quitter un moment; rien n'est plus dangereux que la société des pensionnaires; et comme il y en a de tous les genres, le plus sûr est de les éviter : elle y gagnerait au moins le dégoût de l'occupation, comme la pauvre Mademoiselle D...... Il n'est pas à craindre pour vous que vous l'ayez jamais : ainsi vous faites très-bien de profiter de son esprit pour vous délasser et pour parler de vos chagrins. On est trop heureux de trouver des gens qui nous entendent; c'est si rare, surtout quand on est profondément affligé !

Quoique notre siècle se pique de beaucoup de sensibilité, elle est plus dans le discours que dans le cœur.

« Vous m'avez mandé que vous receviez les visites des amis de votre mère, comme un hommage qu'ils rendaient à sa mémoire. Je puis vous assurer que ce n'est pas leur seul motif, et que tous ceux que je connais vous aiment et vous estiment véritablement. Vous n'avez pas assez d'amour-propre sur cet article.

« Adieu, mon cœur; vous êtes bien aimable: vos lettres me font un vrai plaisir, et soyez bien convaincue que je vous aime bien tendrement. »

A la même.

21 septembre 1786.

. . . .

« J'ai bien envie de vous gronder sur un autre article. Vous vous laissez trop aller au mécontentement de vous-même; vous vous enfoncez trop dans les regrets justes que vous avez. Dieu veut plus de soumission, mon cœur, d'une âme qu'il a formée à son image et comblée de ses dons. Vous pleurez une mère tendre, qui mérite des regrets éternels: mais vous cherchez trop de consolation dans les hommes; soyez bien sûre que vous ne serez moins malheureuse que lorsque vous regarderez cette langueur, ce dégoût des choses qui vous plaisaient autrefois, comme une vraie tentation. Demandez-moi ce que vous feriez, si vous aviez le malheur d'en avoir d'assez fortes pour absorber entièrement vos idées, vous détacher même des lectures spirituelles, à l'exception de celles qui auraient rapport à votre tentation : ce ne serait pas pour la combattre que vous vous attacheriez à cette lecture, de préférence; ce serait pour avoir un prétexte d'y penser. Voilà ce qui vous arrive, mon cœur, et voilà en quoi vous avez tort. Allez à Dieu simplement; imitez ces enfants dont parle l'Évangile, que Jésus-Christ donne pour modèles: nous devons tous tendre à cette simplicité, qui plaît à ce Sauveur adorable.

Écriez-vous avec le Prophète : *Mon père et ma mère m'ont abandonnée; je suis une orpheline : vous vous en dites le père; je vous prierai donc avec confiance;* et de là, mon cœur, imposez-vous la loi de ne penser à votre mère que pour l'admirer, lui demander conseil, en vous rappelant ce qu'elle vous disait; ne vous permettez aucun retour sur vous, sur votre frère, sur tout ce qui peut vous rappeler votre perte pour ce monde; occupez-vous sans y chercher du goût, mais parce que Dieu vous a ordonné le travail, et que le vôtre est d'occuper votre esprit. Vous verrez que, si vous êtes fidèle à ces pratiques, petit à petit vous reprendrez du goût pour tout ce qui vous plaisait, et vous ferez taire le tentateur; par là vous obtiendrez plus de grâces du ciel : elles ne seront peut-être pas sensibles; c'est encore à quoi il faut se soumettre.

« J'ai lu à Madame de Cimery (1) la vie que vous m'avez envoyée : la tête lui en tourne;

(1) Sa première femme de chambre, qu'elle aimait beaucoup, et dont elle fait un grand éloge dans une lettre à Madame de Raigecour.

elle aime M. D..... à la folie; elle n'a fait que pleurer depuis le commencement jusqu'à la fin. Ménagez-vous, mon cœur; vous en avez grand besoin: prenez des choses rafraîchissantes et délayantes en même temps; je vous en prie. Adieu, mon cœur; je vous embrasse bien tendrement. »

Lettres à M. l'abbé R... D... L...

16 octobre 1789.

« Je ne puis résister, monsieur, au désir de vous donner moi-même de mes nouvelles. Je sais l'intérêt que vous voulez bien y prendre; je ne doute pas qu'il ne me porte bonheur. Croyez qu'au milieu du trouble et de l'horreur qui nous poursuivent, j'ai bien pensé à vous, à la peine que vous éprouviez; et que j'ai eu une grande consolation en voyant votre écriture. Ah! monsieur, quelles journées que celles du lundi et du mardi (1)! Elles ont fini pour-

---

(1) 5 et 6 octobre.

tant beaucoup mieux que les cruautés qui s'étaient passées dans la nuit ne pouvaient le faire croire. Une fois entrés dans Paris, nous avons pu nous livrer à l'espérance, malgré les cris désagréables que nous entendions autour de la voiture. Ceux de : *vive le roi! vive la nation!* étaient les plus forts; une fois à l'hôtel de ville, ceux de *vive le roi!* furent les seuls qui se firent entendre. Les propos de ceux qui entouraient notre voiture, étaient les meilleurs possibles; la reine, qui eut un courage incroyable, commence à être mieux vue par le peuple. J'espère qu'avec du temps, une conduite soutenue, nous pourrons regagner l'amour des Parisiens, qui n'ont été que trompés. Mais les gens de Versailles, monsieur! Avez-vous jamais vu une ingratitude plus affreuse? Non; je crois que le ciel, dans sa colère, a peuplé cette ville de monstres sortis des enfers. Qu'il faudra de temps pour leur faire sentir leurs torts! Et si j'étais roi, qu'il m'en faudrait pour croire à leur repentir! Que d'ingrats pour un honnête homme! Croiriez-vous bien, monsieur, que tous nos malheurs, loin de me ramener à Dieu, me donnent un véritable dégoût pour tout ce qui est prière : demandez au ciel pour moi la grâce de ne pas tout abandonner. Je vous le demande en grâce ; et prêchez-moi un peu, je vous prie : vous savez la confiance que j'ai en vous. Demandez aussi que tous les revers de la France fassent rentrer en eux-mêmes ceux qui pourraient peut-être y avoir contribué par leur irréligion. Adieu, monsieur; croyez à toute l'estime que j'ai pour vous, et au regret que j'ai d'en être éloignée.

« La personne qui vous remettra cette lettre, se chargera de la réponse. »

30 novembre 1790.

« Étant fort inquiète, monsieur, du parti que prendra l'abbé de M.... (1), et ne pouvant pas le lui demander, vous seriez bien aimable de me tirer de peine, en vous en informant. J'espère que ses principes sont à l'épreuve de tout ; mais j'ai besoin d'en avoir la certitude, ayant contribué à son avancement. Vous jugez

(1) Sur le serment demandé aux ecclésiastiques.

combien je serais affligée qu'il pût donner dans l'erreur. Je l'ai été qu'il se soit autant mêlé des affaires du moment: mais il avait un bon motif; au lieu que, dans cette circonstance, rien ne pourrait l'excuser. On doit savoir soutenir sa foi. Voyez-le donc, je vous en prie; sachez son opinion; si ses principes sont ébranlés, s'il a besoin d'y être rappelé, parlez-lui avec force : et si vous croyez que cela puisse lui être utile, montrez-lui ma lettre; et en lui rappelant ce qu'il me doit, faites-lui bien envisager que je me suis intéressée à lui, parce que je l'ai cru ferme dans ses principes et capable de faire le bien. Que de reproches n'aurais-je pas à me faire, s'il venait à tromper mon attente! Voyez-le, je vous prie, le plus tôt que vous pourrez; et ne doutez pas de la parfaite estime que j'ai pour vous, monsieur. »

.... 1791 (1).

« Soyez tranquille, monsieur; mes tantes ont passé à Sens avec la plus grande tranquil-

(1) M. l'abbé R... D... L... était attaché à Mesdames, et devait les suivre peu de temps après.

lité. A Moret, on a voulu les arrêter; mais, au bout d'une demi-heure, on les a laissé aller sans autre inconvénient que celui d'avoir attendu une demi-heure. Je suis bien persuadée que le reste de leur voyage sera aussi heureux. Elles ont eu un courage extrême au moment de leur départ: heureusement elles se sont décidées promptement, car les poissardes se sont emparées de Bellevue peu de temps après; et je crois qu'elles y sont encore, mais elles n'y font pas le moindre dégât. Croyez, monsieur, au regret sincère que j'ai de vous voir éloigné de ce pays-ci. Donnez-moi quelquefois de vos nouvelles; pensez souvent à moi, et croyez que j'ai un grand désir de vous savoir plus heureux que vous ne l'avez jamais été. »

23 mai 1791.

« J'ai reçu votre lettre, monsieur: les détails que vous me faites de votre voyage, m'ont fait grand plaisir; et si je ne craignais pas de vous fatiguer, je vous prierais de le continuer. Les dangers que vous avez courus, m'ont fait frémir; mais les regrets continuels que vous éprouvez, me font une peine affreuse. Ah! monsieur, poussez votre vertu jusqu'à vous en rendre maître: vous le devez pour ce Dieu à qui vous avez tout sacrifié; vous le devez au soin de votre santé. Songez combien votre existence est nécessaire à toute votre famille; et prenez sur vous de soutenir, sans trop de découragement, la nouvelle épreuve que le ciel vous envoie. Il fallait pour votre perfection que Dieu vous détachât tout-à-fait des biens de ce monde, même des plus simples. Vous savez, plus que tout autre, combien Dieu donne de force pour supporter les maux de ce monde; tâchez donc de ne vous y point laisser aller: ne vous persuadez point que l'air ne vous vaut rien; ménagez-vous, mais distrayez-vous par les beautés dont la ville que vous habitez est remplie. Après avoir admiré la main sublime qui forma ces immenses rochers, et ces torrents qui ont pensé vous entraîner dans leurs abîmes, admirez l'industrie que Dieu a donnée à l'homme, et comment il peut, grâce à cette industrie, tirer des chefs-d'œuvre des choses les plus brutes. Mais je m'aperçois que je me mêle de ce que je n'ai que faire; car je ne fais que rabâcher ce que vous me dites sans cesse. Pardonnez, monsieur, au désir que j'ai de vous voir un peu sorti de ce fond de tristesse qui vous suit partout. Je vous voudrais le calme de l'abbé M...; mais il n'est pas donné à tout le monde, c'est une grâce spéciale. Je suis fâchée que vous soyez encore privé de sa société; cela eût été une ressource pour vous : j'espère qu'il se rétablira parfaitement de sa maladie. D'après l'intérêt que vous voulez bien prendre à moi, je vous dirai que le ciel m'a fait la grâce de faire un choix pour le remplacer, qui, sous tous les rapports, me convient parfaitement. Il entend ce que je lui dis, et me présente toujours un remède efficace aux maux dont je lui fais l'aveu. Il a de l'esprit, de la douceur sans faiblesse, une grande connaissance du cœur humain et un grand amour pour Dieu. Remerciez ce Dieu pour moi de la grâce qu'il m'a faite de m'adresser à lui. Je prierai pour vous, puisque vous le désirez, dès demain. Je m'en humilierai; car je vous avoue que rien n'y porte tant que d'invoquer le ciel pour des personnes de qui l'on est si éloigné d'approcher pour la vertu. Je compte recevoir demain ce Dieu si bon. Ah! monsieur, que j'en suis indigne, et que je suis loin de m'en rendre digne! Cependant j'ai bonne envie de me sauver; car au moins faut-il ne pas perdre le fruit des épreuves que le ciel nous envoie: elles sont bien fortes; elles le seraient encore plus pour des gens moins légers et qui les sentiraient plus profondément. Mais, de quelque manière qu'elles soient senties, il faut qu'elles sauvent; et voilà pourquoi je me recommande instamment à vos prières. Je vous quitte à regret; mais il est tard, et il faut que ce soit à vous que j'écrive pour n'avoir pas déjà quitté mon écritoire: mais, lorsque je cause avec vous, j'éprouve une vraie satisfaction. Adieu, monsieur; ne doutez pas de mes sentiments et du plaisir que me font vos lettres: aussi, tant que vos yeux n'en seront point fatigués, écrivez-moi, je vous en prie. Nous sommes assez tranquilles ici depuis l'affaire du 18 avril. »

29 juillet 1791.

« J'ai reçu votre lettre ces jours-ci. J'espère, monsieur, que vous ne doutez pas de l'intérêt avec lequel je l'ai lue. Votre santé me paraît moins mauvaise; mais je crains que les dernières nouvelles que vous avez reçues de votre pays, ne vous aient fait une trop vive impression. Plus que jamais l'on est dans le cas de dire qu'un cœur sensible est un don cruel. Heureux celui qui pourrait être indifférent aux maux de sa patrie, de tout ce que l'on a de plus cher! J'ai éprouvé combien cet état était à désirer pour ce monde, et vis dans l'espoir que le contraire peut être utile pour l'autre. Cependant, je vous l'avouerai, je suis bien loin de la résignation que je désirerais avoir. L'abandon à la volonté de Dieu n'est encore que dans la superficie de mon esprit. Cependant, après avoir été pendant près d'un mois dans un état violent, je commence à reprendre un peu mon assiette; les événements qui paraissent se calmer, en sont cause. Dieu veuille que cela dure un peu, et que le ciel se laisse toucher! Vous ne pouvez imaginer combien les âmes ferventes redoublent de zèle; le ciel ne peut pas être sourd à tant de vœux qui lui sont offerts avec tant de confiance. C'est du cœur de Jésus que l'on semble attendre toutes les grâces dont on a besoin; la ferveur de cette dévotion semble redoubler : plus nos maux augmentent, plus on y adresse des vœux. Toutes les communautés font de ferventes prières: mais il faudrait que tout le monde s'unît pour fléchir le ciel; et voilà ce qu'il faut commencer par obtenir, et ne s'occuper que du bien de la religion. Mais malheureusement il est très-aisé de fort bien parler sur tout cela, beaucoup plus que d'exécuter : voilà ce que j'éprouve sans cesse, et ce qui m'impatiente, au lieu de m'humilier.

« Je suis fâchée pour vous que votre frère vous ait quitté; ce devait être pour vous une grande ressource. Ne pourriez-vous pas obtenir de demeurer avec.....? Au moins vous auriez une société agréable ; car vous me paraissez mener la vie du monde la plus triste et la moins conforme à votre santé.

« Vous me demandez mon avis sur le projet que vous aviez formé. Si vous voulez que je vous parle franchement, je ne prendrais pas le sujet que vous aviez choisi. Nous sommes encore trop corrompus, pour que des vertus auxquelles beaucoup ne croient pas, puissent faire effet. De plus, il me serait impossible de vous donner des renseignements sur cela; car je n'en ai aucun. Mais je crois que, si vous avez le désir d'écrire, tout sujet de morale chrétienne sera bien traité par vous, et si vous voulez que je vous dise encore mon avis sur cela, je vous dirai que je choisirais plutôt un sujet fort de raisonnement que de sentiment : cela conviendrait mieux à la situation où se trouve votre âme. Songez, en lisant ceci, que vous avez voulu que je vous disse ce que je pensais ; et ne doutez pas, je vous prie, de la parfaite estime que j'ai pour vous, et du plaisir que me font vos lettres. »

3 octobre 1791.

« Je crains bien, monsieur, que vous n'ayez pas reçu une lettre que je vous ai écrite, il y a près de six semaines, n'ayant point entendu parler de la personne qui en était chargée : elle était dans une écrite à l'abbé M....; mais je crois que les deux ont eu le même sort. C'est un très-petit malheur, pourvu que vous sachiez que ce n'est pas volontairement que j'ai été si longtemps sans vous parler. Ma tante a dû vous dire que j'avais fait des démarches pour M. ......, aussitôt votre lettre reçue; mais les arrangements nécessaires dans ce moment ont retardé l'effet de la demande de ma tante et de la mienne. Croyez que je ferai mon possible pour la faire réussir. J'espère que, les grandes chaleurs une fois passées, votre santé se trouvera mieux du séjour de Rome. Ah! monsieur, jouissez bien de la grâce que Dieu vous accorde, d'être dans un pays où vous pouvez pratiquer votre religion bien tranquillement: de ce côté-là, j'ai toujours les ressources que j'avais; et du côté du choix que la Providence m'a fait faire, j'en ai beaucoup, mais j'en profite bien mal. J'aurai de terribles comptes à rendre, au jugement dernier, sur cet article, si je n'en profite pas mieux que je n'ai fait jusqu'à présent. La ferveur des communautés est toujours des plus édifiantes; elles ne cessent d'élever leurs mains et leur cœur vers le ciel. Vivons dans l'espoir qu'il se laissera fléchir, et qu'il nous regardera en pitié. En attendant, cette législature fait frémir pour la religion ; elle est composée d'intrus. Aujourd'hui M. F....., que l'on voulait exclure, a été reçu malgré un décret de prise-de-corps. Adieu, monsieur : priez, je vous prie, pour moi, et ne doutez jamais de la parfaite estime que j'ai pour vous. M. de M....., qui se porte bien, vous avait écrit en même temps que moi; j'imagine que sa lettre n'aura pas été plus heureuse. »

14 novembre 1791.

« J'ai vu avec plaisir par votre dernière lettre, monsieur, que votre santé était un peu moins mauvaise: l'hiver sera, dans le pays que vous habitez, un bien bon temps pour vous. Tous les détails que vous me faites m'ont fait un grand plaisir. La dévotion des Romains ne me tente point du tout. Est-il possible qu'il y ait encore tant de superstition? Je ne connais rien qui rabaisse l'homme comme de penser que dans cette ville, qui a été celle des lumières, qui devrait être la mieux instruite de la vraie piété, puisque c'est de là que nous recevons l'explication des devoirs qui nous sont tracés; que dans cette même ville l'on craigne de changer le genre de dévotion du peuple, crainte de l'arracher de son cœur: notre exemple n'encouragera certes pas sur cela; car, à force de lumières, nous sommes parvenus à une incrédulité, à une indifférence bien affligeante, et effrayante pour le moment présent et pour ses suites. Cependant l'on n'a point encore porté de décret contre les prêtres; l'assemblée paraît vouloir y mettre une grande sévérité. Si vous lisez les papiers publics, vous devez voir qu'il n'y a pas d'indécence que l'on ne se permette contre eux: cependant Dieu permet que la religion se soutienne au milieu de cette demi-persécution. Les couvents, ouverts par ordre du département, présentent le spectacle le plus édifiant. Les églises sont remplies, les communions sont innombrables; et tout cela se passe avec le plus grand calme. Dieu veuille que quelques esprits malins ne viennent pas déranger tout cela! ce dont je ne serais point étonnée; car, pour nos péchés, Dieu leur a donné un bien grand pouvoir sur notre malheureuse patrie.

« Il faut que je vous quitte, monsieur; mais cela ne sera pas sans vous prier de ne pas m'oublier, et vous assurer, de mon côté, que je n'oublie point votre affaire : mais ce cruel moment, qui retarde tout, y met souvent obstacle. Ne vous inquiétez pas, et soyez convaincu de mes sentiments pour vous. »

4 février 1792.

« Minette (1) m'a priée, monsieur, de vous faire passer cette lettre. Je ne sais si j'aurai le temps de causer avec vous; mais je profite toujours d'un petit moment pour vous dire combien je suis aise lorsque je reçois de vos nouvelles. Il ne me manque qu'une chose,

---

(1) Mademoiselle de .... que Madame Élisabeth faisait élever, et dont elle-même suivait l'éducation.

c'est de vous entendre dire que vous êtes heureux : mais malheureusement c'est souhaiter l'impossible ; car qui, dans cet instant, peut l'être ? Mille inquiétudes, mille peines, agitent trop l'esprit ; et ce n'est pas avec un cœur comme le vôtre que l'on peut voir tout ce qui arrive, sans être saisi d'horreur et de douleur. Notre ville est bien certainement une des plus calmes, sous tous les rapports ; mais elle n'a que cela pour elle ; car assurément elle est bien remplie de gens corrompus : mais le peuple se lasse un peu de leurs discours ; de plus, il meurt de faim, et pourrait bien finir par voir qu'il a été trompé ; son réveil serait furieux, mais il n'est pas encore proche.

« Madame de M.... se porte bien, à cela près de quelques douleurs de foie ; elle a bien passé son hiver. Si elle est paresseuse pour écrire, elle n'en est pas moins fidèle à l'amitié ; mais, comme elle ne regarde pas ce défaut comme un péché, elle n'est point du tout disposée à s'en corriger. Cependant je suis sûre que pour vous elle fera des efforts surprenants.

« Adieu, monsieur : l'heure où je vais avoir

du monde me presse de vous quitter ; ce ne sera pas sans regret, et sans vous assurer de nouveau de la sincérité des sentiments que j'ai pour vous, et du désir que j'ai de vous savoir heureux, en bonne santé et tranquille. »

15 mai 1792.

« Il y a bien longtemps que je ne vous ai écrit, monsieur; ce n'est pas faute d'en avoir envie : mais je mène une vie si coupée, qu'il ne m'est pas possible d'écrire comme je le voudrais. Je ne puis vous dire assez combien j'ai été touchée de votre lettre. Le désir que vous me témoignez de me voir réunie à celles qui ont tant de bontés pour moi, m'a fait un grand plaisir; mais il est des positions où l'on ne peut disposer de soi, et c'est là la mienne : la ligne que je dois suivre m'est tracée si clairement par la Providence, qu'il faut bien que j'y reste; tout ce que je désire, c'est que vous vouliez bien prier pour moi, pour obtenir de la bonté de Dieu que je sois ce qu'il désire. S'il me réserve encore dans ma vie des moments de calme, ah! je sens que j'en jouirai bien. Au lieu de me soumettre aux épreuves qu'il m'envoie, j'envie ceux qui, calmes intérieurement et tranquilles à l'extérieur, peuvent à tous les instants ramener leurs âmes vers Dieu, lui parler et surtout l'écouter : pour moi, qui suis destinée à toute autre chose, cet état me paraît un vrai paradis.

« Si Minette vaut quelque chose, c'est bien à vous qu'elle le devra. J'en ai été contente dans le court séjour qu'elle a fait ici : elle n'est pas heureuse, et c'est une bonne école. Elle a trouvé à Chartres un homme de mérite, à en juger d'après ce qu'elle dit, et en qui elle paraît avoir confiance. Je l'ai fort engagée à le voir souvent ; j'espère qu'elle y est exacte.

« Je vois avec peine approcher les chaleurs ; c'est un mauvais temps pour vous : je désire beaucoup qu'elles soient moins fortes que l'année passée. Adieu, monsieur : croyez que vos lettres me font un vrai plaisir, et que je serai charmée le jour où je pourrai vous revoir. En attendant, priez Dieu pour nous.

« J'ai si peu de temps, qu'il m'est difficile de m'unir aux prières que l'on fait ; mais j'y dresserai quelquefois mon intention, pour participer aux grâces qu'elles doivent attirer. Vous voyez que le moi n'est point du tout mort en moi. »

22 juin 1792.

Cette lettre sera un peu longtemps en chemin ; mais j'aime mieux ne pas laisser échapper une occasion de causer avec vous. Je suis persuadée que vous avez ressenti presque aussi vivement que nous, monsieur, le coup qui vient de nous frapper ; il est d'autant plus affreux, qu'il déchire le cœur, et ôte tout repos d'esprit. L'avenir paraît un gouffre, d'où l'on ne peut sortir que par un miracle de la Providence ; et le méritons-nous ? A cette demande, on sent tout le courage manquer. Qui de nous peut se flatter qu'il lui sera répondu : *Oui, tu le mérites ?* Tout le monde souffre ; mais, hélas ! nul ne fait pénitence, ou ne retourne point son cœur vers Dieu. Moi-même, combien de reproches n'ai-je pas à me faire ! Entraînée par le tourbillon du malheur, je ne m'occupais pas de demander à Dieu les grâces dont nous avons besoin; je m'appuyais sur les secours humains, et j'étais plus coupable qu'un autre; car qui plus que moi est l'enfant de la Providence? Mais ce n'est pas tout de reconnaître ses fautes, il faut les réparer: je ne le puis seule, monsieur; ayez la charité de m'aider. Demandez au ciel, non pas un changement qu'il plaira à Dieu de nous envoyer quand il l'aura jugé convenable dans sa sagesse, mais bornons-nous à lui demander qu'il éclaire, qu'il touche les cœurs; que surtout il parle à deux êtres bien malheureux, mais qui le seront encore plus si Dieu ne les appelle à lui. Hélas! le sang de Jésus-Christ a coulé pour eux, comme pour le solitaire qui pleure sans cesse des fautes légères. Dites-lui souvent: *Si vous voulez, vous pouvez les guérir*; et démontrez-lui bien la gloire qu'il en tirera. En me lisant, vous allez me croire un peu folle; mais pardonnez à l'excès des maux dont mon âme est atteinte: jamais je ne les ai si vivement sentis. Dieu les connaît, Dieu sait les remèdes qu'il y doit appliquer: mais sa bonté permet qu'on lui fasse les demandes dont on a besoin; et j'use, comme vous voyez, de cette permission.

« Je suis fâchée de vous écrire dans un style aussi noir; mais mon cœur l'est tellement, qu'il me serait bien difficile de parler autrement. Ne croyez pas pour cela que ma santé s'en ressente; non, je me porte bien: Dieu me fait la grâce de conserver de la gaieté. Je désire vivement que la vôtre se conserve; je voudrais la savoir meilleure: mais comment l'espérer avec votre sensibilité? Rappelons-nous qu'il est une autre vie, où nous serons amplement récompensés des peines de celle-ci, et vivons dans l'espoir de nous y réunir un jour, après cependant avoir eu encore le plaisir de nous revoir dans celle-ci; car, malgré l'excès de ma noirceur, je ne puis croire que tout soit désespéré. Adieu, monsieur: priez pour moi, je vous en prie, après avoir prié pour les autres, et donnez-moi souvent de vos nouvelles; c'est une consolation pour moi. »

22 juillet 1792.

« Vous devez recevoir bientôt une lettre de

moi, qui est une vraie jérémiade. Il semblait, à mon style, que je prévoyais ce qui a suivi. Je ne veux pas, monsieur, que vous croyiez que c'est là mon état habituel; non, Dieu me fait la grâce d'être toute autre: mais par moments le cœur a besoin de se laisser aller à parler des affections qui l'occupent; il semble qu'en donnant un peu de relâche aux nerfs, ils n'en prennent que plus de force. Plus sensible qu'un autre, vous devez connaître ce besoin. Depuis l'affreuse journée du 20, nous sommes tranquilles; mais nous n'en avons pas moins besoin des prières des saintes âmes. Que ceux qui, à l'abri de l'orage, n'en ressentent, pour ainsi dire, que le contre-coup, élèvent leur cœur vers Dieu. Oui, Dieu ne leur a donné la grâce de vivre dans le calme, que pour qu'ils fassent cet usage de leur liberté. Ceux sur qui l'orage gronde éprouvent parfois de telles secousses, qu'il est difficile de savoir et de pratiquer cette grande ressource, celle de la prière. Heureux le cœur de celui qui peut sentir, dans les plus grandes agitations de ce monde, que Dieu est encore avec lui! Heureux les saints qui, percés de coups, n'en louent pas moins Dieu à chaque instant du jour! Demandez cette grâce, monsieur, pour ceux qui sont faibles et peu fidèles comme moi ; ce sera une vraie œuvre de charité que vous exercerez.

« Ma tante me remercie souvent de lui avoir fait faire connaissance avec vous : il me paraît simple qu'elle en soit contente; et je me trouve heureuse de lui avoir procuré cet avantage, ou, pour mieux dire, d'avoir été un des faibles instruments dont Dieu s'est servi pour cette œuvre de salut. Je ne vous dirai pas sur cet article tout ce que je pense ; mais j'étais bien aise de vous en parler, afin que vous mettiez votre timidité tout-à-fait de côté, en cas que vous en soyez encore un peu la victime: on peut se servir de cette expression, car c'est un vrai supplice que la timidité.

« Paris est un peu en fermentation ; mais il existe un Dieu qui veille sur cette ville et sur ses habitants. Soyez donc tranquille. Je voudrais croire que les chaleurs ne vous font pas beaucoup souffrir ; mais cela est bien difficile.

Adieu, monsieur; j'espère que vous ne m'oubliez pas devant Dieu, et que vous êtes convaincu de l'estime que j'ai pour vous. »

PIÈCES JUSTIFICATIVES.

N° 1 (1).

Procès d'Elisabeth-Marie Capet, sœur de Louis XVI.

Depuis longtemps la mort de la famille entière des Bourbons était arrêtée par les chefs de la faction qui dominait la France.

Peu de jours après l'exécution de Philippe d'Orléans, le conseil-général fit passer à l'administration de police le procès-verbal suivant, rédigé le 14 frimaire an II, par les commissaires de garde au Temple, comme la base sur

---

(1) Pièce extraite de la collection de M. de Barghon-Monteil, ancien garde-du-corps de Sa Majesté Louis XVI.

laquelle on pouvait fonder l'acte d'accusation d'Élisabeth-Marie Capet :

« Cejourd'hui 13 frimaire, l'an II de la république une et indivisible, nous commissaires de la commune, de service au Temple, sur l'avertissement à nous donné par le citoyen Simon, que Charles Capet avait à dénoncer des faits qu'il nous importait de connaître pour le salut de la république, nous nous sommes transportés, quatre heures de relevée, dans l'appartement dudit Charles Capet, qui nous a déclaré ce qui suit :

« Que depuis environ quinze jours ou trois semaines, il entend les détenues frapper tous les jours consécutifs, entre six et neuf heures ; que depuis avant-hier ce bruit s'est fait un peu plus tard, et a duré plus longtemps que les jours précédents ; que ce bruit paraît partir de l'endroit correspondant au bûcher ; que, de plus, il connaît, à la marche qu'il distingue de ce bruit, que pendant ce temps les détenues quittent la place du bûcher par lui indiqué, pour se transporter dans l'embrasure de la fenêtre de leur chambre à coucher, ce qui fait présumer qu'elles cachent quelques objets dans ces embrasures; il pense que ce pourrait être des faux assignats, mais qu'il n'en est pas sûr, et qu'elles pourraient les passer par la fenêtre, pour les communiquer à quelqu'un.

« Ledit Charles nous a également déclaré que, dans le temps qu'il était avec les détenues, il a vu un morceau de bois garni d'une épingle crochue et d'un long ruban, avec lequel il suppose que les détenues ont pu communiquer par lettres avec feu Capet.

« Et de plus, que ledit Charles se rappelle qu'il lui a été dit que s'il descendait avec son père, il lui fit ressouvenir de passer tous les jours à huit heures et demie du soir, dans le passage qui conduit à la tourelle où se trouve une fenêtre de l'appartement des détenues.

« Charles Capet nous a déclaré de plus qu'il était fortement persuadé que les détenues avaient quelques intelligences ou correspondances avec quelqu'un.

« De plus, nous a déclaré qu'il avait entendu lire dans une lettre que Cléry avait proposé à feu Capet le moyen de correspondance présumée par lui déclarant; que Capet avait répondu à Cléry que cela ne pouvait se pratiquer, et que cette réponse n'avait été faite à Cléry qu'à la fin qu'il ne se doutât pas de l'existence de ladite correspondance.

« Déclare qu'il a vu les détenues fort inquiètes, parce qu'une de leurs lettres était tombée dans la cour.

« Ayant demandé au citoyen Simon s'il avait connaissance du bruit ci-dessus énoncé, il a répondu qu'ayant l'ouïe un peu dure, il n'avait rien entendu; mais la citoyenne Simon, son épouse, a confirmé les dires dudit Charles Capet, relativement au bruit.

« Ledit citoyen Simon nous a dit que depuis environ huit jours, ledit Charles Capet se tourmentait pour faire sa déclaration aux membres du conseil. Lecture faite auxdits déclarants, ont reconnu contenir vérité, et ont signé ledit jour et an que dessus.

« Signé: CHARLES CAPET, SIMON, femme SIMON, REMI (1), SÉGUY, ROBIN, SILLANS. »

(1) Mis hors la loi, et guillotiné le 11 thermidor an II.

D'après la déclaration ci-dessus, la susdite commission a fait une visite fort exacte dans l'appartement des détenues; elle n'y a rien trouvé qui puisse donner de l'inquiétude; elle a cependant remarqué que, dans le cabinet de garde-robe, à la fenêtre qui fait face à la porte, il y a deux barreaux de traverse qui sont descellés des deux bouts, et qui paraissent l'être depuis longtemps; et à l'autre croisée du même cabinet, le barreau et traverse d'en haut sont également descellés des deux bouts, et paraissent aussi l'être depuis longtemps.

La présente déclaration a été écrite mot pour mot sur le registre des procès-verbaux du Temple.

Signé: SILLANS, REMI, ROBIN et SÉGUY.

Le procès-verbal qu'on vient de lire fut dressé avant l'interrogatoire que subit secrètement Marie-Élisabeth Capet, et dont la teneur suit:

Translation d'Élisabeth à la Conciergerie.

Le 20 floréal, 9 mai (v. st.), l'huissier Monet

se rendit au Temple, vers les six heures et demie du soir, accompagné des citoyens Fontaine, adjudant-général d'artillerie de l'armée Parisienne, et Saraillée, aide-de-camp du général Henriot; il présenta aux membres du conseil, Mouret, Eudes (1), Magendié et Godefroi, une lettre de Fouquier, accusateur public près le tribunal révolutionnaire, portant invitation de remettre entre les mains desdits sus-nommés la sœur de Louis Capet, en conséquence du mandat d'arrêt dont ils étaient porteurs, et qu'ils ont laissé.

Le conseil a acquiescé sur-le-champ, et lesdits Mouret, Fontaine et Saraillée ont signé sur les registres la sortie de l'accusée.

Élisabeth sortit du Temple vers les sept heures trois-quarts; elle monta avec ses conducteurs dans un fiacre qui l'attendait à la porte, et arriva une demi-heure après à la Conciergerie; elle resta déposée au greffe de ladite prison pendant environ deux heures, et traduite ensuite dans la chambre du conseil

---

(1) Guillotiné le 11 thermidor an II.

devant l'accusateur public, qui lui fit subir un premier interrogatoire ainsi qu'il suit (1) :

Cejourd'hui 20 floréal, l'an II de la république française, une et indivisible, nous Gabriel Deliège, vice-président du tribunal révolutionnaire, assisté d'Anne Ducay, commis-greffier du tribunal, et en présence d'Antoine-Quentin Fouquier, accusateur public, avons fait amener de la maison d'arrêt, dite la Conciergerie, la ci-après nommée, à laquelle avons demandé ses noms, surnoms, âge, profession, pays et demeure.

A répondu se nommer Élisabeth-Marie Capet, sœur de Louis Capet, âgée de trente ans, native de Versailles, département de Seine-et-Oise.

D. Avez-vous, avec le dernier tyran, conspiré contre la sûreté et la liberté du peuple français?

R. J'ignore à qui vous donnez ce titre, mais, je n'ai jamais désiré que le bonheur des Français.

(1) Cet interrogatoire a eu lieu à dix heures et demie du soir; il a été secret, où du moins les seuls habitués du tribunal ont pu y entrer.

D. Avez-vous entretenu des correspondances et intelligences avec les ennemis intérieurs et extérieurs de la république, et notamment avec les frères de Capet et les vôtres, et ne leur avez-vous pas fourni des secours en argent?

R. Je n'ai jamais connu que des amis des Français; jamais je n'ai fourni de secours à mes frères, et depuis le mois d'août 1792, je n'ai reçu de leurs nouvelles ni ne leur ai donné des miennes.

D. Ne leur avez-vous pas fait passer des diamants?

R. Non.

D. Je vous observe que votre réponse n'est point exacte sur l'article des diamants, attendu qu'il est notoire que vous avez fait vendre vos diamants en Hollande et autres pays étrangers, et que vous en avez fait passer le prix en provenant, par vos agents, à vos frères pour les aider à soutenir leur rébellion contre le peuple français.

R. Je dénie le fait, parce qu'il est faux.

D. Je vous observe que dans le procès qui

eut lieu en novembre 1792, relativement au prétendu vol des diamants fait au ci-devant garde-meuble, il a été établi et prouvé aux débats (1), qu'il avait été distrait une portion des diamants que vous portiez autrefois; qu'il a pareillement été prouvé que le prix en avait été transmis à vos ordres, pourquoi je vous somme de vous expliquer cathégoriquement sur ces faits.

R. J'ignore les vols dont vous venez de me parler: j'étais à cette époque au Temple, et je persiste, au surplus, dans ma précédente dénégation.

D. N'avez-vous pas eu connaissance que le voyage, déterminé par votre frère Capet et Marie-Antoinette, pour Saint-Cloud, à l'époque du 18 avril 1791, n'avait été imaginé que pour saisir l'occasion de sortir de France?

R. J'ai n'ai eu connaissance de ce voyage que par l'intention qu'avait mon frère de prendre l'air, attendu qu'il n'était pas bien portant.

---

(1) Voyez la déclaration qui se trouve à la suite de cet interrogatoire.

D. Je vous demande s'il n'est pas vrai, au contraire, que le voyage n'a été arrêté que par suite des conseils des différentes personnes qui se rendaient alors habituellement au ci-devant château des Tuileries, notamment de Bonnald, ex-évêque de Clermont, et autres prélats et évêques ; et vous même n'avez-vous pas sollicité le départ de votre frère ?

R. Je n'ai point sollicité le départ de mon frère, qui n'a été décidé que d'après l'avis des médecins.

D. N'est-ce pas pareillement à votre sollicitation et à celle de Marie-Antoinette, votre belle-sœur, que Capet, votre frère, a fui de Paris dans la nuit du 20 au 21 juin 1791 ?

R. J'ai appris dans la journée du 20, que nous devions tous partir dans la nuit suivante, et je me suis conformée à cet égard aux ordres de mon frère.

D. Le motif de ce voyage n'était-il pas de sortir de France, et de vous réunir aux émigrés et autres ennemis du peuple français ?

R. Jamais mon frère ni moi n'avons eu intention de quitter notre pays.

D. Je vous observe que cette réponse ne paraît pas exacte; car il est notoire que Bouillé avait donné les ordres à différents corps de troupes de se trouver à un point convenu, pour protéger cette évasion, de manière à pouvoir vous faire sortir, ainsi que votre frère et autres, du territoire français ; et que même tout était préparé à l'abbaye d'Orval, située sur le territoire du despote autrichien, pour vous recevoir; et vous observe, au surplus, que les noms supposés par vous et votre frère ne permettent pas de douter de vos intentions?

R. Mon frère devait aller à Montmédy, et je ne lui connaissais point d'autres intentions.

D. Avez-vous connaissance qu'il ait été tenu des conciliabules secrets chez Marie-Antoinette, ci-devant reine de France, lesquels s'appelaient comité autrichien?

R. J'ai parfaitement connaissance qu'il n'y en a jamais eu.

D. Je vous observe qu'il est cependant notoire que les conciliabules se tenaient de deux jours l'un, depuis minuit jusqu'à trois heures du matin, et que même ceux qui y étaient admis, passaient par la pièce que l'on appelait alors la Galerie des Tableaux.

R. Je n'en ai aucune connaissance.

D. N'étiez-vous point aux Tuileries les 28 février 1791, 20 juin et 10 août 1792?

R. J'étais au château les trois jours, et notamment le 10 août 1792, jusqu'au moment où je me suis rendue avec mon frère à l'assemblée nationale.

D. Ledit jour 28 février, n'avez-vous pas eu connaissance que le rassemblement des ci-devant marquis, chevaliers et autres, armés de sabres et de pistolets, était encore pour favoriser une nouvelle évasion de votre frère et de toute la famille, et que l'affaire de Vincennes, arrivée le même jour, n'avait été imaginée que pour faire diversion?

R. Je n'en ai aucune connaissance.

D. Qu'avez-vous fait dans la nuit du 9 au 10 août?

R. Je suis restée dans la chambre de mon frère, où nous avons veillé.

D. Je vous observe qu'ayant chacun vos appartements, il paraît étrange que vous vous soyez réunie dans celui de votre frère, et sans doute que cette réunion avait un motif que je vous interpelle d'expliquer?

R. Je n'avais d'autre motif que celui de me réunir toujours chez mon frère, lorsqu'il y avait des mouvements dans Paris.

D. Cette même nuit, n'avez-vous pas été avec Marie-Antoinette dans une salle où étaient des Suisses occupés à faire des cartouches, et notamment n'y avez-vous pas été de neuf heures et demie à dix heures du soir.

R. Je n'y ai pas été, et n'ai nulle connaissance de cette salle.

D. Je vous observe que cette réponse n'est point exacte: car il est établi, dans différents procès qui ont eu lieu au tribunal du 17 août 1792, que Marie-Antoinette et vous aviez été plusieurs fois dans la nuit trouver les Gardes-Suisses, et que vous les aviez fait boire, et les aviez engagés à confectionner la fabrication des cartouches dont Marie-Antoinette vit déchirer plusieurs.

R. Cela n'a pas existé, et je n'en ai aucune connaissance.

D. Je vous représente que les faits sont trop notoires pour ne pas vous rappeler les différentes circonstances relatives à ceux par vous déniés, et pour ne pas savoir le motif qui avait déterminé les rassemblements de troupes de tous genres qui se sont trouvées réunies cette même nuit aux Tuileries; pourquoi je vous somme de déclarer si vous persistez à nier les motifs de ces rassemblements?

R. Je persiste dans mes précédentes dénégations, et j'ajoute que je ne connaissais pas de motifs de rassemblements; je sais seulement, comme je l'ai déjà dit, que les corps constitués pour la sûreté de Paris, étaient venus avertir mon frère qu'il y avait du mouvement dans les faubourgs, et que, dans cette occasion, la garde nationale se rassemblait pour sa sûreté, comme la constitution le prescrivait.

D. Lors de l'évasion du 20 juin, n'est-ce pas vous qui avez emmené les enfants?

R. Non, je suis sortie seule.

D. Avez-vous un défenseur, ou voulez-vous en nommer un?

R. Je n'en connais pas.

De suite, nous lui avons nommé Chauveau de la Garde pour conseil.

Lecture faite du présent interrogatoire, a persisté et a signé avec nous et notre greffier.

ÉLISABETH-MARIE, A.-Q. FOUQUIER, DELIÈGE, DUCRAY, greffier.

Paris, 17 floréal, deuxième année républicaine.

« Citoyens,

« Nous joignons un extrait du procès-verbal rédigé par les commissaires de la convention nationale, le 10 décembre, première année de la république française, contenant la déclaration qu'Élisabeth Capet a fait parvenir à ses frères ses diamants, pour payer les troupes qu'ils entretenaient contre la France.

« Les membres du comité de correspondance,

« Signé : CORDIER, P.-J. AUDOUIN. »

Au dos est écrit : Au citoyen Fouquier, accusateur public près le tribunal révolutionnaire.

10 décembre, première année républicaine.

Du procès-verbal rédigé le dixième jour de décembre, l'an premier de la république française, par les représentants du peuple Prieur (de la Marne), Bréard, Lecointre et autres; en exécution du décret du même jour, lors de la levée des scellés apposés sur les papiers du tribunal créé par la loi du 17 août, en présence d'un commissaire du pouvoir exécutif; du citoyen Salmon, administrateur du département; des ministres des contributions publiques et de la justice; des citoyens Dubail, vice-président dudit tribunal; Bruslé, greffier de la première section; Lavaux, président, et Réal, accusateur public près la seconde section; ladite levée des scellés faite par le citoyen Lambert, juge de paix de la section du Pont-Neuf, a été extrait ce qui suit:

Déclaration du citoyen Pépin, qui constate qu'Élisabeth Capet a fait passer à ses frères tous ses diamants, pour payer les troupes qu'ils entretenaient contre la France.

Le citoyen Pépin, président de la première

section dudit tribunal, a dit que dans l'instruction du vol du Garde-Meuble, il a été établi :

1° Que, le 20 juin, Louis Capet, voulant mettre de côté tous les diamants et richesses déposés au Garde-Meuble, fit engager l'épouse du sieur de Crécy, par Thierry, son valet-de-chambre, à enlever dudit Garde-Meuble tous ces objets, et à les cacher dans une armoire pratiquée dans le mur de son alcove, derrière le chevet de son lit, ce qui fut fait;

2° Que, vers le même temps, Madame Élisabeth envoya à ses frères tous ses diamants au su du roi, pour qu'ils empruntassent dessus, ou les vendissent pour payer les troupes qu'ils entretenaient contre la France;

3° Que le ci-devant roi avait envoyé à tous ses ambassadeurs et chargés d'affaires, dans les cours de l'Europe, une protestation contre son acceptation de la constitution;

4° Que, le 10 août, avant de se retirer à l'assemblée nationale, Louis Capet fit cacher tous ses diamants personnels, et a signé ainsi:

Pépin de Grouhette.

Le présent extrait certifié conforme à l'original, lequel est signé par toutes les personnes y dénommées, par nous, membres du comité de correspondance de la convention nationale, ce 17 floréal, deuxième année de la république.

Ledit original déposé au comité.

Signé : P.-J. AUDOUIN, CORDIER.

Traduction de Marie-Elisabeth Capet au tribunal révolutionnaire de Paris, et son jugement.

Le 21 floréal de l'an II, Marie-Élisabeth Capet fut traduite devant le tribunal révolutionnaire, et son procès fut instruit dans la forme qui suit :

L'audience composée des citoyens René-François Dumas (1), président; Gabriel Deliège, Antoine-Marie Maire, juges; Gilbert Lieudon, substitut de l'accusateur public; Charles-Adrien Legris (2), greffier; les citoyens

---

(1) Mis hors la loi, guillotiné le 10 thermidor an II.
(2) Guillotiné à Paris, le 11 thermidor an II.

Trinchard, Laporte, Renaudin (1), Grénier, Brochet, Auvrest, Duplay, Fauvety (2), Meyère, Prieur (3), Fiévez, Besnard (4), Famber et Desboisseaux (5), jurés.

Le président Dumas à l'accusée: Quel est votre nom?

R. Élisabeth-Marie Capet.

D. Votre âge?

R. Trente ans.

D. Où êtes-vous née?

R. A Versailles.

D. Où résidez-vous?

R. A Paris.

Le greffier donne lecture de l'acte d'accusation dont la teneur suit:

« Antoine-Quentin Fouquier, accusateur public près le tribunal révolutionnaire, expose que c'est à la famille Capet que le peuple français doit tous les maux sous le poids desquels il a gémi pendant tant de siècles.

(1) Guillotiné le 17 floréal an III.
(2) *Idem*, à Avignon, le   an III.
(3) *Idem*, à Paris, le 17 floréal an II.
(4) Mis hors la loi le 9 thermidor an II, exécuté le 10.
(5) *Idem*.

« C'est au moment où l'excès de l'oppression a forcé le peuple de briser ses chaînes, que toute cette famille s'est réunie pour le plonger dans un esclavage plus cruel encore que celui dont il voulait sortir. Les crimes de tous genres, les forfaits amoncelés de Capet, de la Messaline Antoinette, des deux frères et d'Élisabeth, sont trop connus pour qu'il soit nécessaire d'en tracer ici le tableau ; ils sont écrits en caractères de sang dans les annales de la révolution ; et les atrocités inouïes exercées par les barbares émigrés, ou les sanguinaires satellites des despotes, les meurtres, les incendies, les ravages ; enfin, les assassinats inconnus aux monstres les plus féroces, qu'ils commettaient sur le territoire français, sont encore commandés par cette détestable famille, pour livrer de nouveau une grande nation au despotisme et aux fureurs de quelques individus.

« Élisabeth a partagé tous ces crimes ; elle a coopéré à toutes ces trames, à tous ces complots formés par ses infâmes frères, par la scélérate impudique Antoinette, et toute la horde des conspirateurs qui s'étaient réunis autour d'eux ; elle a été associée à tous les projets, elle a encouragé tous les assassins de la patrie. Les complots de juillet 1789, la conjuration du 6 octobre suivant, dont les d'Estaing, Villeroy et autres, qui viennent d'être frappés du glaive de la loi, étaient les agents ; enfin, toute cette chaîne non interrompue de conspirations, pendant quatre ans entiers, ont été suivis et secondés de tous les moyens qui étaient au pouvoir d'Élisabeth. C'est elle qui, au mois de juin 1791, a fait passer les diamants, qui étaient une propriété nationale, à l'infâme d'Artois, son frère, pour le mettre en état d'exécuter les projets concertés avec lui, et de soudoyer des assassins contre la patrie ; c'est elle qui entretenait avec son autre frère, devenu aujourd'hui l'objet de la dérision et du mépris des despotes coalisés chez lesquels il est allé déposer son imbécile et lourde nullité, la correspondance la plus active ; c'est elle qui voulait, par l'orgueil et le dédain le plus insultant, avilir et humilier les hommes libres qui consacraient leur temps à garder leur tyran; c'est elle, enfin, qui prodiguait des soins aux assassins envoyés aux Champs-Élysées par le despote, pour provoquer les braves Marseillais, et qui pansait les blessures qu'ils avaient reçues dans leur fuite précipitée. Élisabeth avait médité, avec Capet et Antoinette, le massacre des citoyens de Paris, dans l'immortelle journée du 10 août; elle veillait dans l'espoir d'être témoin de ce carnage nocturne; elle aidait à la barbare Antoinette à mordre des balles, et encourageait par ses discours des jeunes personnes que des prêtres fanatiques avaient conduites au château pour cette horrible occupation. Enfin, trompée dans l'espoir que toute cette horde de conspirateurs avait que tous les citoyens se présenteraient pendant la nuit pour soutenir la tyrannie, elle fuit au jour avec le tyran et sa femme, et fut attendre dans le temple de la souveraineté nationale, que la horde d'esclaves soudoyés et dévoués aux forfaits de cette cour parricide, eût noyé dans le sang des citoyens la liberté, et lui eût fourni les moyens d'égorger ensuite ses représentants, au milieu desquels ils avaient été chercher un asile.

« Enfin, on l'a vue, depuis le supplice mérité du plus coupable des tyrans qui aient déshonoré la nature humaine, provoquer le rétablissement de la tyrannie, en prodiguant avec Antoinette, au fils de Capet, les hommages de la royauté, et les prétendus honneurs du trône. »

Le président fait les questions suivantes à l'accusée:

D. Où étiez-vous dans les journées des 12, 13 et 14 juillet 1789, c'est-à-dire, aux époques des premiers complots de la cour contre le peuple?

R. J'étais dans le sein de ma famille; je n'ai connu aucun des complots dont vous me parlez; et ce sont des événements que j'étais bien loin de prévoir et de seconder.

D. Lors de la fuite du tyran votre frère à Varennes, ne l'avez-vous pas accompagné?

R. Tout m'ordonnait de suivre mon frère, et je me suis fait un devoir dans cette occasion, comme dans toute autre, de ne le point quitter.

D. N'avez-vous pas figuré dans l'orgie infâme et scandaleuse des Gardes-du-Corps; et n'avez-vous pas fait le tour de la table avec Marie-Antoinette, pour faire répéter à chacun des convives le serment affreux d'exterminer tous les patriotes, pour étouffer la liberté dans sa naissance et rétablir le trône chancelant?

R. J'ignore absolument si l'orgie dont il s'agit a eu lieu; mais je déclare n'en avoir été aucunement instruite, et n'y avoir pris part en aucune manière.

D. Vous ne dites pas la vérité, et votre dénégation ne peut vous être d'aucune utilité, lorsqu'elle est démentie, d'une part, par la notoriété publique, et de l'autre, par la vraisemblance, qui persuade à tout homme sensé qu'une femme aussi intimement liée que vous l'étiez avec Marie-Antoinette, et par les liens du sang, et par ceux de l'amitié la plus étroite, n'a pu se dispenser de partager ses machinations, d'en avoir eu communication et de les avoir favorisées de tout son pouvoir. Vous avez nécessairement, d'accord avec la femme du tyran, provoqué le serment abominable prêté par les satellites de la cour, d'assassiner et d'anéantir la liberté dans son principe; et vous avez également provoqué les outrages sanglants faits aux signes précieux de la liberté, qui ont été foulés aux pieds par tous vos complices?

R. J'ai déjà dit que tous ces faits m'étaient étrangers; je n'y dois point d'autre réponse.

D. Où étiez-vous dans la journée du 10 août 1792?

R. J'étais au château, ma résidence ordinaire et naturelle depuis quelque temps.

D. N'avez-vous pas passé la nuit du 9 au 10 août dans la chambre de votre frère, et n'avez-vous pas eu avec lui des conférences secrètes qui vous ont expliqué le but et le motif de tous les mouvements et préparatifs qui se faisaient sous vos yeux?

R. J'ai passé chez mon frère la nuit dont vous me parlez; jamais je ne l'ai quitté: il avait beaucoup de confiance en moi; et cependant je n'ai rien remarqué, ni dans sa conduite ni dans ses discours, qui pût m'annoncer ce qui s'est passé depuis.

D. Votre réponse blesse tout à la fois la vérité et la vraisemblance; et une femme comme vous, qui a manifesté dans tout le cours de la révolution une opposition aussi frappante au nouvel ordre de choses, ne peut être crue, lorsqu'elle veut faire croire qu'elle ignora la cause des rassemblements de toute espèce qui se faisaient au château, la veille du 10 août : voudriez-vous nous dire ce qui vous a empêché de vous coucher cette même nuit?

R. Je ne me suis pas couchée, parce que les corps constitués étaient venus faire part à mon frère de l'agitation, de la fermentation des habitants de Paris et des dangers qui pouvaient en résulter.

D. Vous dissimulez en vain, surtout d'après les différents aveux de la femme Capet, qui vous a désignée comme ayant assisté à l'orgie des Gardes-du-Corps, comme l'ayant soutenue dans ses craintes et ses alarmes du 10 août sur les jours de Capet, et de tout ce qui pouvait l'intéresser; mais ce que vous me niez infructueusement, c'est la part active que vous avez prise à l'action qui s'est engagée entre les patriotes et les satellites de la tyrannie; c'est votre zèle et votre ardeur à servir les ennemis du peuple, et à leur fournir des balles que vous preniez la peine de mâcher, comme devant être dirigées contre les patriotes et destinées à les moissonner; ce sont les vœux contre le bien public que vous faisiez, pour que la victoire demeurât au pouvoir des partisans de votre frère, et les encouragements en tout genre que vous donniez aux assassins de la patrie. Que répondrez-vous à ces derniers faits?

R. Tous ces faits qui me sont imputés, sont autant d'indignités dont je suis bien loin de m'être souillée.

D. Lors du voyage de Varennes, n'avez-vous pas fait précéder l'évasion honteuse du tyran, de la soustraction des diamants dits de la couronne, appartenant alors à la nation, et ne les avez-vous pas envoyés à votre frère d'Artois?

R. Ces diamants n'ont point été envoyés à

d'Artois; je me suis bornée à les déposer entre les mains d'une personne de confiance.

D. Voudriez-vous nous désigner le dépositaire de ces diamants, ou nous le nommer?

R. M. de Choiseul est celui que j'avais choisi pour faire ce dépôt.

D. Que sont devenus les diamants que vous dites avoir confiés à Choiseul?

R. J'ignore absolument quel a pu être le sort de ces diamants, n'ayant point eu l'occasion de voir M. de Choiseul; je n'en ai point eu d'inquiétude, et ne m'en suis nullement occupée.

D. Vous ne cessez d'en imposer sur toutes les interpellations qui vous sont faites, et singulièrement sur le fait des diamants; car un procès-verbal du 12 décembre 1792, bien rédigé en connaissance de cause par les représentants du peuple, lors de l'instruction de l'affaire relative au vol de ces diamants, constate d'une manière sans réplique que lesdits diamants ont été envoyés à d'Artois.

(*Ici l'accusée garde le silence.*)

D. N'avez-vous pas entretenu des correspondances avec votre frère le ci-devant Monsieur?

R. Je ne me rappelle pas en avoir entretenu, surtout depuis qu'elles sont prohibées.

D. N'avez-vous pas donné des soins, en pansant vous-mêmes les blessures des assassins envoyés par votre frère aux Champs-Élysées contre les braves Marseillais?

R. Je n'ai jamais su que mon frère eût envoyé des assassins contre qui que ce soit; s'il m'est arrivé de donner des secours à quelques blessés, l'humanité seule a pu me conduire dans le pansement de leurs blessures; je n'ai point eu besoin de m'informer de la cause de leurs maux pour m'occuper de leur soulagement: je ne m'en fais point un mérite, et je n'imagine pas que l'on puisse m'en faire un crime.

D. Il est difficile d'accorder ces sentiments d'humanité dont vous vous parez, avec cette joie cruelle que vous avez montrée en voyant couler des flots de sang dans la journée du 10 août. Tout nous autorise à croire que vous n'êtes humaine que pour les assassins du peuple, et que vous avez toute la férocité des animaux les plus sanguinaires pour les défenseurs de la liberté. Loin de secourir ces derniers, vous provoquiez leur massacre par vos applaudissements ; loin de désarmer les meurtriers du peuple, vous leur fournissiez à pleines mains les instruments de la mort, à l'aide desquels vous vous flattiez, vous et vos complices, de rétablir le despotisme et la tyrannie : voilà l'humanité des dominateurs des nations, qui de tout temps ont sacrifié des millions d'hommes à leurs caprices, à leur ambition ou à leur cupidité.

L'accusée Élisabeth, dont le plan de défense est de nier tout ce qui est à sa charge, aura-t-elle la bonne foi de convenir qu'elle a bercé le petit Capet de l'espoir de succéder au trône de son père, et qu'elle a ainsi provoqué la royauté ?

R. Je causais familièrement avec cet infortuné qui m'était cher à plus d'un titre, et je lui administrais, sans conséquence, les consolations qui me paraissaient capables de le dédommager de la perte de ceux qui lui avaient donné le jour.

D. C'est convenir, en d'autres termes, que vous nourrissiez le petit Capet des projets de vengeance que vous et les vôtres n'avez cessé de former contre la liberté, et que vous vous flattiez de relever les débris d'un trône brisé, en l'inondant de tout le sang des patriotes.

Après que l'accusateur public et les défenseurs ont été entendus, on a lu le jugement suivant, d'après la déclaration unanime du jury, portant:

« Qu'il a existé des complots et conspirations formés par Capet, sa femme, sa famille, ses agents et complices, par suite desquels des provocations à la guerre civile dans l'intérieur ont été formées; des secours en hommes et argent ont été fournis aux ennemis; des intelligences criminelles entretenues avec eux; des troupes rassemblées, des chefs nommés, et des dispositions préparées pour assassiner le peuple, anéantir la liberté et rétablir le despotisme;

« Qu'il est constant qu'Élisabeth Capet, les veuves Delaigle, Sourdeval, veuve Senozan, femme Crussol-d'Amboise, Foloppe, Buard, Marcel Letellier dit Bullier, Cresci-Champmillon, Hall, Alexandre-François Loménie, Louis-Marie-Athanase Loménie, Calixte Montmorin, Lhoste, Martial Loménie, Megret-Serilly, Megret-d'Étigny, Charles Loménie, veuve Montmorin, femme Canizi, femme Rosset-Cercy, femme Rosset, l'Hermite-Chambertran, femme Megret-Serilly et Dubois, sont convaincus d'être complices de ces complots. »

En conséquence, le tribunal, après avoir entendu l'accusateur public en son réquisitoire, et les lois par lui invoquées sur l'application de la peine, a condamné à la peine de mort Élisabeth Capet, ainsi que les vingt-quatre autres accusés qui ont été traduits en jugement, et amalgamés avec elle dans le même acte d'accusation, dont nous n'avons cité que les noms.

Le même jour, entre quatre et cinq heures du soir, tous les ci-dessus dénommés ont été conduits sur la place de la Révolution, à l'exception de la femme Serilly, qui s'est déclarée enceinte, et qui a obtenu un sursis.

Après la mort d'Élisabeth, qui a été exécutée la dernière, sa tête a été montrée au peuple.

Procès-verbal d'exécution d'Élisabeth Capet.

L'an second de la république française, à la requête de l'accusateur public près le tribunal révolutionnaire établi par la loi du 10 mars 1793, sans aucun recours au tribunal de cassation, lequel fait élection de domicile au greffe dudit tribunal,

Je me suis, huissier-audiencier audit tribunal soussigné, transporté en la maison de justice dudit tribunal, pour l'exécution du jugement rendu par le tribunal cejourd'hui contre Marie-Élisabeth Capet, qui la condamne à la peine de mort pour les causes énoncées audit jugement; et de suite je l'ai remise à l'exécuteur des jugements criminels et à la gendarmerie, qui l'ont conduite sur la place de la Révolution, où, sur un échafaud dressé sur ladite place, à six heures de relevée, et en notre présence, elle a subi la peine de mort; de tout ce que dessus ai fait dresser le procès-verbal, pour servir et valoir ce que de raison, dont acte.

Signé : CHATEAU.

PROCÈS DE MADAME ÉLISABETH

par Chauveau-la-Garde.

Sept mois après le jugement de la reine, je fus instruit de la part de Madame Élisabeth de France que j'étais nommé pour la défendre; et je n'en fus prévenu, comme cela était arrivé pour la reine, que la veille même de son jugement, c'est-à-dire, le 9 mai 1794.

Je me présentai à l'instant à la prison, pour m'entretenir avec elle de son acte d'accusation. On ne voulait pas que je lui parlasse. Fouquet-Tinville eut la perfidie de me tromper, en m'assurant qu'elle ne serait pas jugée de sitôt, et il me refusa l'autorisation de conférer avec elle.

Le lendemain, quelle fut ma surprise, lorsque, m'étant rendu au tribunal, j'aperçus Madame Élisabeth, environnée d'une foule d'autres accusés, sur le haut des gradins, où on l'avait placée tout exprès la première, pour la mettre plus en évidence !

Il en fut de son accusation comme de celle de la reine, c'est-à-dire que celle-ci n'ayant été, en d'autres termes, et sauf les particularités relatives aux personnes, que la répétition banale de l'accusation de conspiration intentée contre Louis XVI, celle de Madame Élisabeth ne fut à peu près, et avec les mêmes différences, que la répétition de celle de la reine; et (ce qui est digne d'observation) de même que les accusateurs de la reine avaient été obligés de lui chercher de prétendus torts dans le secret de ses pensées et d'empoisonner les plus pures affections de son cœur, pour lui en faire des crimes, de même aussi ceux de Madame Élisabeth ne trouvèrent de moyens de l'accuser qu'en transformant en des actes de conspiration des actes de la plus douce bienveillance et de la plus touchante humanité.

Ainsi, l'accusation intentée contre cette princesse consistait, en deux mots, à supposer qu'elle avait été ce qu'ils appelaient la complice des prétendus actes de conspiration imputés au roi et à la reine, dans les fameuses journées des 6 octobre, 20 juin et 10 août, où les misérables avaient eux-mêmes conspiré contre les jours de Leurs Majestés.

On ajoutait à cette bizarre espèce de complicité le reproche d'avoir entretenu, de concert avec la reine, le fils du roi (Louis XVII) dans l'espoir de succéder au trône de son père, et d'avoir ainsi provoqué la royauté; après quoi on terminait en l'accusant d'avoir donné des secours aux blessés du Champs-de-Mars et de les avoir pansés de ses propres mains.

Accusation monstrueuse et bien digne de ce temps d'irréligion et d'immoralité, où ce qui paraissait le plus criminel à ces pervers, était précisément ce qu'il y a de plus sacré parmi les hommes! Mais à côté de ces traits de ressemblance, le procès de Mme Élisabeth offre avec celui de la reine une différence également digne d'attention.

Celui de la reine avait donné lieu à vingt heures de débat, et à l'audition d'un grand nombre de témoins, dont les dépositions, tout insignifiantes qu'elles pussent être, présentaient néanmoins, avec un amas confus de pièces qu'on y avait rassemblées, les apparences d'une sorte d'instruction.

Au contraire, celui de Madame Élisabeth ne présenta rien de semblable. On ne lui opposait aucune pièce; aucun témoin ne fut entendu contre elle; on ne lui fit subir, à proprement parler, aucun interrogatoire, et tout le débat, sauf une demande relative aux pansements des blessés; une concernant Louis XVII et quelques autres insignifiantes, consista réellement dans une seule question, qui lui fut trois fois réitérée au sujet de sa complicité prétendue avec le roi et la reine, et dans la seule réponse qu'elle eut le courage d'y faire.

A la première, concernant les soins par elle donnés aux blessés du Champ-de-Mars, elle répondit:

« Que, s'il lui était arrivé de donner des

« secours aux blessés, l'humanité seule avait
« pu la conduire dans le pansement de leurs
« blessures, puisqu'elle n'avait pas eu besoin
« de s'informer de la cause de leurs maux,
« pour s'occuper de leur soulagement; qu'elle
« ne s'en faisait point un mérite, mais qu'elle
« n'imaginait pas non plus qu'on lui en fît
« un crime. »

A la deuxième demande, relative au fils du roi, Louis XVII, Madame Élisabeth répondit :

« Qu'elle causait familièrement avec cet
« infortuné, qui lui était cher à plus d'un
« titre, et qu'elle lui administrait, en consé-
« quence, les consolations qui lui paraissaient
« capables de le dédommager de la perte de
« ceux qui lui avaient donné le jour. »

Quant à ce qu'ils appelaient la complicité de Madame Élisabeth avec le roi ou la reine, dans les horribles journées des 6 octobre, 20 juin et 10 août, le président, pour unique preuve, s'étant contenté de lui demander trois fois où elle était à ces trois époques, Madame Élisabeth, qui sentait très-bien l'objet et la conséquence de ces trois questions, répondit en ces termes.

A la première question :

— Où étiez-vous au 6 octobre ?

Madame Élisabeth répondit avec douceur :

« — J'étais avec le roi et la reine. »

A la deuxième question :

— Où étiez-vous au 20 juin ?

Elle répondit de même :

« — J'étais avec le roi et la reine. »

Et à la troisième :

— Où étiez-vous au 10 août ?

Elle répondit avec un ton plus ferme et une dignité encore plus imposante :

« — J'étais avec le roi et la reine, car je ne
« les ai jamais quittés dans ces grandes occa-
« sions. »

Que de véritable magnanimité dans ces réponses, à l'instant même et comme en présence de la mort !

Ici, le *Moniteur*, et après lui les historiens, ne parlant point de la défense de Madame Élisabeth, semblent annoncer par leur silence qu'elle n'aurait pas été défendue. Et cependant, quoique le débat n'eût duré qu'un instant, et qu'on m'eût interdit toute conférence avec elle, je pris la parole, et voici en substance quelle fut ma plaidoirie.

« Je fis observer qu'il n'y avait au procès qu'un protocole banal d'accusation, sans pièces, sans interrogatoire, sans témoins, et que par conséquent, là où il n'existait aucun élément légal de conviction, il ne saurait y avoir de conviction légale.

« J'ajoutai qu'on ne pouvait donc opposer à l'auguste accusée que ses réponses aux questions qu'on venait de lui faire, puisque c'était dans ces réponses, elles seules, que tous les débats consistaient ; mais que ces réponses elles-mêmes, loin de la condamner, devaient, au contraire, l'honorer à tous les yeux, puisqu'elles ne prouvaient rien autre chose que la bonté de son cœur et l'héroïsme de son amitié.

« Puis, après avoir développé ces premières idées, je finis en disant que, au lieu d'une défense, je n'aurais plus à présenter pour Madame Élisabeth que son apologie ; mais que, dans l'impuissance où j'étais d'en trouver une qui fût digne d'elle, il ne me restait plus qu'une seule observation à faire, c'est que la princesse qui avait été à la cour de France le plus parfait modèle de toutes les vertus, ne pouvait pas être l'ennemie des Français.

« Il est impossible de peindre la fureur avec laquelle Dumas, qui présidait le tribunal, m'apostropha, en me reprochant d'avoir eu l'audace de parler de ce qu'il appelait les prétendues vertus de l'accusée, et d'avoir ainsi corrompu la morale publique. Il fut aisé de s'apercevoir que Madame Élisabeth, qui jusqu'alors était restée calme et comme insensible à ses propres dangers, fut émue de ceux auxquels je venais de m'exposer, et après avoir, comme la reine, entendu sans s'émouvoir son arrêt de mort, comme la reine, elle a consommé paisiblement le sacrifice de sa vie.

« Maintenant, je ne crains pas que ma profonde et respectueuse admiration pour la reine et pour Madame Élisabeth de France exagère à mes yeux la grandeur et la beauté de leur caractère.

« Qu'y a-t-il, en effet, de plus admirable que cette inébranlable fermeté d'âme réunie à tant de douceur et de bonté avec lesquelles la reine a su, tantôt se défendre personnellement contre le mensonge et la calomnie, tantôt oublier ses propres intérêts pour justifier les autres, mais toujours la reine, toujours mère, toujours épouse, toujours elle-même, finir comme Louis XVI par demander à Dieu la grâce de ses bourreaux, et subir ainsi, sans aucune altération, la plus terrible épreuve à laquelle il soit possible de réduire la faible humanité?

« Quant à Madame Élisabeth de France, forcée, ainsi que la reine, de se justifier de ses propres vertus comme d'autant de crimes, ne s'est-elle pas aussi, par son angélique résignation, élevée comme elle au-dessus de l'humanité même?

« L'imagination de l'un des premiers poètes de l'antiquité n'a pu concevoir, dans la peinture qu'il nous a tracée de l'homme vertueux, un trait plus imposant de son grand caractère qu'en nous le représentant au milieu des ruines e l'univers qui viendrait à s'écrouler autour de lui, calme et inébranlable.

« Ce tableau de l'homme de bien, immobile au milieu des décombres du monde, tout sublime qu'il soit, est une image encore imparfaite de la reine et de Madame Élisabeth de France, environnées des sanglants débris du trône et de la fortune, tombées du sommet des grandeurs, jetées dans les cachots de l'infamie et du crime, abreuvées d'humiliations, et conservant néanmoins, dans cet épouvantable déchaînement de toutes les douleurs et de toutes les infortunes humaines, leur religieuse impassibilité. »

Dernier billet de Madame Élisabeth à Monsieur de Turgy.

Le 11 octobre 1793, à deux heures et quart.

« Je suis bien affligée. Ménagez-vous pour le temps où nous serons plus heureux et où nous pourrons vous récompenser. Emportez la consolation d'avoir servi de bons et malheureux maîtres,

« Recommandez à Fidèle (Toulan) de ne pas trop se hasarder pour nos signaux (par le cor). Si le hasard vous fait voir Madame Mallemain, dites-lui de nos nouvelles, et que je pense à elle.

« Adieu, honnête homme et fidèle sujet : que le Dieu auquel vous êtes fidèle, vous soutienne et vous console dans ce que vous avez à souffrir! »

FRAGMENTS HISTORIQUES
SUR LA CAPTIVITÉ DE LA FAMILLE ROYALE

A LA TOUR DU TEMPLE

par M. de Turgy (1).

Le 10 août 1792, il me fut impossible de pénétrer jusqu'aux Tuileries. Les deux jours suivants, mes tentatives pour entrer aux Feuillans furent pareillement inutiles. La

---

(1) Turgy (Louis-François de), né à Rournan, Seine-et-Marne, le 18 juillet 1763, était attaché à la famille de l'infortuné Louis XVI, pendant sa captivité au Temple.
Placé auprès des princesses, il leur témoigna le plus fidèle dévouement, et leur donnait communication de ce qui pouvait les intéresser sur les affaires du jour. Les princesses lui confièrent plusieurs de leurs billets, dont

famille royale n'y prit de nourriture que celle qui lui fut apportée, de différents lieux, par les personnes restées auprès de Leurs Majestés. Ayant appris que Louis XVI allait être transféré au Temple, je courus chez M. Ménard de Chouzy, commissaire général de la maison du roi, pour obtenir la faveur d'y continuer

quelques-uns étaient adressés à lui-même. Il avait conservé sur cette époque divers documents authentiques, dont une partie fut détruite par son beau-père, après le 18 fructidor, et l'autre fut remise par Turgy à Madame la duchesse d'Angoulême, depuis dauphine de France. Cléry, dans son journal de la Tour du Temple, et M. Hue, ont rendu un témoignage éclatant aux bons procédés de M. de Turgy envers la famille royale. Après le 21 janvier, Turgy parvint à se maintenir auprès de Louis XVII, et à suivre la même correspondance avec la reine et Madame Élisabeth. Ainsi, il fut en quelque sorte, et surtout dans les quatre mois qui précédèrent son renvoi, le seul point de communication que la famille royale eût conservé avec le reste du monde. Contraint de sortir du Temple le 13 octobre 1793, il suivit la fille de Louis XVI à Vienne, puis dans les différentes contrées où cette princesse alla résider. Quelques mois après, S. M. Louis XVIII récompensa les services de M. de Turgy en lui donnant, de sa main royale, cette attestation :

« J'éprouve une véritable satisfaction à attester que, durant la captivité du feu roi mon frère, au Temple, et, après sa mort, aussi longtemps qu'il a été possible de mon service. Il me promit que, dans quelque endroit que l'on plaçât la famille royale, et ne fallût-il qu'un garçon servant, il n'en nommerait pas d'autre que moi, parce qu'il savait bien que ce serait une chose agréable à la reine. Il envoya aussitôt à la municipalité M. Rothe, contrôleur du gobelet du roi, pour

servir le feu roi mon neveu, la reine sa mère et ma belle-sœur, Madame Élisabeth, ma sœur, et Madame la duchesse d'Angoulême, ma nièce, le sieur Turgy les a servis avec un courage, une fidélité, un zèle et une intelligence à toute épreuve. Et ne pouvant, en ce moment, le récompenser comme je le désirerais, je veux, du moins, que la présente attestation soit à jamais pour lui un titre d'honneur, et pour ses enfants et descendants un motif d'encouragement pour imiter, dans tous les temps, l'exemple qu'il leur a donné. En foi de quoi, j'ai écrit et signé cette attestation de ma main, et j'y ai fait apposer mon scel.

« Au château de Mitteau, ce 17 décembre 1799. »

A la restauration, Louis XVIII accorda à M. de Turgy des lettres de noblesse, le nomma officier de la Légion d'honneur; et Madame la duchesse d'Angoulême le prit à son service en qualité de premier valet de chambre et d'huissier de son cabinet. M. le chevalier de Turgy mourut à Paris, le 4 juin 1823, âgé de soixante ans, ne laissant qu'un fils, à qui le titre de baron fut accordé, et qui devint officier supérieur de cavalerie.

F. DE B. F.

demander des cartes d'entrée : celui-ci revint à cinq heures, et dit qu'on ne lui en avait promis que pour le lendemain 14. Je prévis qu'une fois le roi au Temple, on n'obtiendrait d'y être admis qu'après un examen et des formalités qui ne me seraient pas favorables ; car, n'ayant jamais eu d'autres relations que celles de mes devoirs, je n'avais aucun motif de recommandation auprès des ennemis de la famille royale. Sans parler de ceci à personne, je dis à mes camarades, Chrétien et Marchand : « Allons nous présenter au Temple ; peut-être qu'en montrant un peu de hardiesse, on nous laissera entrer. » Ils me suivirent. Nous arrivâmes à la grande porte comme l'un des officiers du poste venait de laisser passer une personne, munie d'une carte, et que je reconnus pour être du service du roi. Je priai l'officier de me permettre de parler à cette personne, et je lui dis que j'étais aussi du service, ainsi que mes camarades. Il hésita d'abord ; puis il me répondit : « Prenez mon bras, que vos camarades prennent le vôtre, et je vais vous introduire ; » ce qu'il fit. On nous conduisit à la bouche, où je ne trouvai aucunes provisions. Je fus obligé de sortir jusqu'à trois fois pour me procurer le nécessaire; je pris le parti de passer par la porte dite du *Bailliage*, et j'eus le soin de me faire reconnaître par le portier et les gardes, afin de pouvoir rentrer.

Nous servîmes le souper du roi dans la pièce du Palais, où S. A. S. Madame la princesse Louise-Adélaïde de Bourbon-Condé a établi aujourd'hui sa chapelle. La famille royale a continué de prendre ses repas dans cette pièce jusqu'à ce que la grande Tour devînt leur unique habitation.

La famille royale, après avoir été resserrée pendant trois jours dans les cellules des Feuillans, se serait trouvée bien moins malheureuse si on l'eût laissée dans le palais. Mais, après le souper, on annonça au roi que, pour sa sûreté et celle de sa famille, ils occuperaient la Tour pendant la nuit. On y avait placé en sentinelle, à tous les étages, les Marseillais, qui ne cessèrent de chanter, au moment du passage de la reine et pendant toute la nuit :

> Madame monte à sa tour,
> Ne sait quand descendra.

Deux jours après notre arrivée, les commissaires de la commune voulurent savoir qui nous avait fait entrer au Temple. Je leur répondis que les comités de l'assemblée, sur les renseignements qu'ils avaient fait prendre dans nos sections, nous avaient autorisés à venir reprendre notre service : ils se retirèrent. Le lendemain, Chabot, député, Santerre, commandant général, et Billaud-Varennes, alors substitut du procureur-général de la commune, vinrent pour reconnaître et prendre un état nominatif de toutes les personnes restées auprès de la famille royale. Ils nous demandèrent si nous avions appartenu au roi; je leur répondis affirmativement. « Qui donc a pu vous faire admettre ici? » s'écria Chabot. Je lui répliquai que c'était Pétion et Manuel qui, d'après les informations prises dans nos sections, nous en avaient accordé la permission. « En ce cas, dit Chabot, c'est que vous êtes de bons citoyens ; restez à votre poste, et la nation aura plus soin de vous que n'a fait le tyran. » Quand nous fûmes seuls, mes camarades me dirent avec effroi : « Vous voulez donc nous faire périr tous? Vous répondez aux municipaux que nous sommes envoyés par l'assemblée, et aux députés que c'est par la commune : nous voudrions être bien loin ! » Cependant ils restèrent au Temple, et fidèles à leurs devoirs, ils n'en sont sortis qu'avec moi, ainsi que je le dirai.

Dès que le roi fut entré au Temple, on prescrivit les précautions les plus minutieuses. Voici de quelle manière se faisait le service qui me concernait. S'agissait-il du dîner ou d'un autre repas, on allait au conseil demander deux municipaux. Ils se rendaient à l'office ; on dressait les plats ; on les goûtait devant eux, pour leur faire voir qu'il n'y avait rien de caché ni de suspect. On remplissait, en leur présence, les carafes et les cafetières. Pour couvrir les carafes de lait d'amande, on déchirait, à leur volonté, un morceau de papier dans telle feuille et telle main qu'ils indiquaient. Arrivés avec eux à la salle à manger, on ne mettait la table qu'après l'avoir montrée dessus et dessous aux municipaux; on dépliait devant eux les nappes et les serviettes; ils fendaient les pains par moitié, et sondaient la mie avec une fourchette ou même avec les doigts.

Cependant, il m'arriva souvent, dans un passage, dans un tournant d'escalier, de substituer au bouchon de papier d'une carafe tel autre sur lequel on avait écrit des avis, des nouvelles, soit avec du jus de citron, soit avec un extrait de noix de galle. Quelquefois, je roulais un billet autour d'une petite balle de plomb; je recouvrais le tout d'un autre papier fort, et je jetais ce peloton dans la carafe au lait d'amande : un signe convenu indiquait ce que j'avais fait. Lorsque le papier des bouchons se trouvait sans écriture, il servait à la reine et à Madame Élisabeth pour me donner des ordres ou des avis à transmettre au dehors.

On a pu voir dans l'ouvrage de M. Hue (1),

(1) Pages 432 et suivantes, deuxième édition de

et dans le Journal de Cléry (1), quelques-uns des moyens que nous employions pour communiquer entre nous; mais ces moyens devant être variés, ils exigeaient beaucoup de précautions, et donnaient lieu souvent à des retards dans la transmission des avis jusqu'à la famille royale. Pour obvier à tous ces inconvénients, la reine et Madame Élisabeth imaginèrent de correspondre directement avec moi, par signaux.

Voici ceux que les princesses me donnèrent successivement, lors des événements de septembre 1792, pour être, malgré l'obsession des municipaux devenue plus active, instruites tant des progrès des armées, que de ce qui se passait à la Convention : ils sont de la main de Madame Élisabeth.

« Pour les Anglais, portez le pouce droit sur l'œil droit. S'ils débarquent du côté de

---

Paris. Outre ces deux éditions, il y a l'originale, Londres, 1806.

(1) Pages 79, etc., édition de Londres, 1798, in-8°. Une liste nombreuse des souscripteurs distingue les éditions données par Cléry lui-même.

Nantes, portez-le à l'oreille droite; du côté de Calais, à l'oreille gauche.

« Si les Autrichiens sont vainqueurs du côté de la Belgique, le second doigt de la main droite sur l'œil droit. S'ils entrent à Lille du côté de Mayence, le troisième doigt comme ci-dessus.

« Les troupes du roi de Sardaigne, le quatrième doigt comme ci-dessus.

« NOTA. — On aura soin de tenir le doigt arrêté plus ou moins longtemps, suivant l'importance du combat.

« Lorsqu'ils seront à quinze lieues de Paris, en suivant le même ordre pour les doigts, on observera seulement de les porter sur la bouche.

« Si les puissances parlaient de la famille royale, on les porterait sur les cheveux, en se servant de la main droite.

« Si la Convention y faisait attention, de la gauche; si elle passait à l'ordre du jour, de la droite.

« Si la Convention se retirait, on passerait toute la main sur la tête.

« Si les troupes s'avançaient et avaient des avantages, on porterait un doigt de la main droite sur le nez, et toute la main lorsqu'ils seraient à quinze lieues de Paris.

« On ne se servirait que du côté gauche, pour exprimer les avantages de la Convention.

« Pour répondre à toutes les questions, on se servira de la main droite et non de la gauche (1). »

La correspondance par écrit développait ce que je n'avais fait qu'indiquer par les signaux. Car, malgré la surveillance de huit à dix personnes, il ne s'est presque point passé de jour, pendant les quatorze mois que je me suis maintenu au Temple, sans que la famille royale n'ait eu quelque billet de moi, soit par les stratagèmes déjà expliqués, soit en donnant aux princesses des objets de mon service, ou quand je les recevais de leurs mains, soit, enfin, dans une pelote de fil ou de coton que

(1) On pense bien que ces signaux, ainsi que les questions faites dans plusieurs billets, se reportent à des espérances, à des craintes, ou à des avis vrais ou faux donnés aux princesses.

je cachais dans un coin d'armoire, sous la table de marbre, dans les bouches de chaleur du poêle ou même dans le panier aux ordures. Un signe de la main ou des yeux indiquait le lieu où j'avais pu réussir à déposer le peloton. En sorte que le roi et les princesses étaient presque toujours informés des événements.

La facilité que j'avais de sortir deux ou trois fois par semaine, pour les approvisionnements, me mettait à même de prendre les renseignements que le roi et la reine désiraient, ou de leur rapporter les notes et les avis dont on me chargeait pour Leurs Majestés. Je me trouvais également aux fréquents rendez-vous que M. Hue me donnait, tantôt dans les quartiers les plus isolés de Paris, tantôt hors de la ville, et dans lesquels il me remettait des écrits pour le roi, ou des réponses à ses ordres. Les persécutions, la détention, aucune crainte, en un mot, n'a jamais ralenti son zèle courageux.

Madame la marquise (aujourd'hui duchesse) de Sérent était le point principal de la correspondance de la reine et de Madame Élisabeth.

Je passais dans sa maison pour son agent d'affaires, et l'on avait ordre de me laisser entrer à toute heure de jour ou de nuit. On sait quel grand caractère et quel noble dévouement cette dame montra dans tous les dangers de la famille royale, et dans un grand nombre de circonstances si périlleuses pour elle-même. Qui mieux que Madame la duchesse de Sérent a donné des preuves que, pour une âme très-élevée, l'amour de ses rois est un véritable culte? Un grand nombre d'ouvrages retentissent de ce nom historique.

On me visitait rarement à l'entrée ou à la sortie du Temple, parce que j'avais soin de procurer aux commissaires et aux gardiens tout ce qu'ils me demandaient, lorsqu'ils se présentaient à la bouche : là, ils devenaient plus traitables. Mais aussitôt que j'approchais de la Tour ou d'une pièce occupée par quelqu'un de la famille royale, toutes mes démarches étaient observées ; on me défendait de parler à qui que ce fût, si ce n'était à voix haute, et pour mon service seulement. J'étais même alors, à cause de mes relations à l'extérieur, l'objet d'une surveillance plus particulière. Aussi, la famille royale, pour ne point éveiller les soupçons à mon égard, prenait-elle des précautions au point qu'un jour, le roi m'ayant donné son couteau dont le manche était cassé, pour le faire raccommoder, et Sa Majesté s'apercevant qu'elle ne l'avait pas montré aux municipaux, me le redemanda à l'instant, l'ouvrit et le leur présenta, en disant : « Regardez, messieurs, il n'y a rien dedans. » Puis le roi me rendit ce couteau, en me recommandant de ne point y faire mettre un autre manche ; car, ajouta-t-il, j'y tiens beaucoup tel qu'il est, parce qu'il m'a été donné par mon père. »

J'avais surtout la mission de m'informer du sort des personnes dont la famille royale avait éprouvé le zèle et la fidélité, et dont la plupart, pour cette noble cause, avaient été forcées de quitter la France. Les lois, de plus en plus sévères, que l'on portait contre l'émigration étaient, par conséquent, l'objet de l'attention particulière des princesses, ainsi qu'on en jugera par ce mot de Madame Élisabeth, vers la fin d'octobre. Pour Madame de S. (Sérent) un billet. Lorsque la loi sur les émigrés sera tout-à-fait finie, faites-nous-le savoir, et continuez à nous en donner des nouvelles. »

Je n'ai pas encore parlé de Toulan. Sa conduite, les discours exagérés qu'il tint pendant les premiers jours qu'il vint au Temple, nous faisaient appréhender de voir revenir le jour de service de ce municipal. Cependant, la vue des malheurs de Louis XVI, des princesses, des augustes enfants, leur magnanimité, leur douceur, avaient fait, dès le commencement, une impression inattendue et si forte sur l'âme vive et sensible de ce jeune homme, qu'il résolut d'employer tous les moyens pour adoucir le sort de la famille royale. Je ne sais comment il parvint à faire connaître aux princesses son heureuse conversion; mais on pensa que pour les servir plus sûrement, il devait maintenir les autres commissaires dans l'opinion qu'ils avaient de lui, et conserver, envers le roi et sa famille, le ton et les manières révolutionnaires.

Instruit par Madame Élisabeth que je pouvais me livrer entièrement à Toulan, j'eus avec lui des rendez-vous en différents lieux; là, nous nous concertions sur les missions que les princesses lui confiaient. Il s'en acquitta avec tant de zèle et d'habileté, qu'à la fin de novembre, Madame Élisabeth m'indiqua dans le billet que je vais transcrire, le nom caractéristique sous lequel la famille royale le désignerait à l'avenir :

« Vous remettrez ceci (un billet) à Toulan, que dorénavant nous appellerons *Fidèle*. Si vous ne pouvez le lui remettre au moment du dîner, vous irez demain, afin de pouvoir rendre réponse sur ce qu'il doit nous remettre aujourd'hui. Dites les mauvaises nouvelles comme les bonnes, quand il y en aura. »

Tandis que les infortunes de la famille royale attendrissaient ceux qui n'en avaient été les ennemis que parce qu'ils l'avaient mal connue, elle éprouvait les traits les plus atroces de la part de quelques autres qui avaient eu l'honneur de l'approcher, lorsqu'elle était dans toute sa splendeur, ou qui lui devaient leur fortune. Un jour, la reine m'ayant dit : « Turgy, j'ai cassé mon peigne, je vous prie de m'en acheter un autre. » Le poète D.... C..., municipal, s'écria : « Achetez-en un de corne, le buis serait trop bon pour elle. » La reine, comme si elle n'eût point entendu cette indignité, continua de me donner des ordres. Je remplaçai le peigne, qui était d'écaille, par un semblable. En le voyant, cette princesse me dit : « Vous avez donc outre-passé les ordres de D.... C...? car il prétend que le buis est trop bon pour nous, lui qui, sans les bienfaits du roi... » Sa Majesté s'arrêta. Je me permis de répondre : « Madame, il y avait beaucoup de personnes qui avaient l'air de faire leur cour à la famille royale, mais ce n'était qu'à cause du trésor. » La reine daigna me dire : « Vous avez bien raison, Turgy ! »

Le 2 décembre, la municipalité du 10 août fut remplacée par celle dite *provisoire*. On doubla le nombre des commissaires surveillants auprès du roi et de la famille royale. L'on connut bientôt à quels hommes nous allions avoir à faire, par le trait suivant. La reine, ayant été malade pendant la journée du lendemain, et n'ayant pris aucun aliment, me fit dire de lui apporter un bouillon pour souper. Au moment où je le lui présentai, cette princesse, apprenant que la femme Tison se trouvait indisposée, ordonna qu'on lui portât ce bouillon; ce qui fut exécuté. Je priai alors un des municipaux de me conduire à la bouche, pour aller y prendre un autre bouillon; aucun d'eux ne voulut m'y accompagner, et Sa Majesté fut obligée de s'en passer.

Toulan, qui avait été réélu à cette municipalité, continua de me donner, sur le caractère et les sentiments de ses collègues, des renseignements qui ont été bien utiles pour la conduite à tenir avec eux.

Ce fut M. Parisot qui me donna le décret portant que le roi serait conduit à la barre de la Convention, pour répondre aux questions qui lui seraient faites. Je le plaçai sous le lit de Cléry, et Sa Majesté le lut de suite. Ce zélé royaliste m'a remis souvent des écrits, des notes d'une grande importance. De son côté, Toulan procurait aux princesses des avis certains sur ce qui se tramait aux Jacobins et dans les comités de la Convention. Il trouva aussi le moyen d'être souvent de service dans cette terrible circonstance. Son dévouement et les témoignages de sensibilité que s'empressaient de donner plusieurs municipaux dont je regrette bien de ne pouvoir aujourd'hui me rappeler les noms, procurèrent des consolations et même quelque espoir à la reine et à la famille royale.

Cléry a dit de quelle manière nous avions établi une correspondance entre le roi et les princesses, dès le moment que toute communication fut interdite entre eux. Tandis qu'il était témoin des malheurs et du courage sublime de Louis XVI, je l'étais des craintes, des lueurs d'espérance et des angoisses de la reine, de M. le dauphin et des princesses.

L'exécrable 21 janvier arriva. Sur les dix heures du matin, la reine voulut engager ses enfants à prendre quelque nourriture : ils refusèrent. Bientôt on entendit tirer des armes à feu. Madame Élisabeth, levant les yeux au ciel, s'écria: « Les monstres ! ils sont contents

à présent!...... » La reine étouffait de douleur;
le jeune prince fondait en larmes; Madame
royale jetait des cris perçants. Que l'on juge
de ce tableau, au milieu des roulements du
tambour et des cris des forcenés qui gardaient
le Temple!

Cléry resta encore plus d'un mois à la Tour,
mais sans pouvoir communiquer avec nous.
Lorsque je le revis, après sa sortie, il me
remit et je reçus, avec un sentiment inexpri-
mable de douleur et de respect, ce billet que
le roi, dans sa bonté infinie, lui avait laissé
pour moi.

Billet de Louis XVI à Cléry.

21 janvier 1793, sept heures trois
quarts du matin.

« Je vous charge de dire à Turgy combien
« j'ai été content de son fidèle attachement
« pour moi, et du zèle avec lequel il a rempli
« son service; je lui donne ma bénédiction, et
« le prie de continuer ses soins avec le même

« attachement à ma famille, à qui je le re-
« commande. »

La rage des régicides étant assouvie pour le moment, ceux des municipaux qui avaient causé tant de tourments à Louis XVI et à la famille royale, ne venaient plus que rarement au Temple. Les princesses, moins surveillées, pouvaient parler entre elles et me donner leurs ordres. Lorsque Toulan, Michonis et quelques autres étaient de service, les augustes prisonniers jouissaient d'une apparence de liberté.

Le seul billet qui me soit resté de cette époque, est celui-ci, de Madame Élisabeth:

« Vous remercierez Hue pour nous. Sachez de lui s'il a pris les cheveux lui-même, ou s'il les a achetés; et si, par ses connaissances, il ne pourrait pas savoir ce que le Comité de sûreté générale veut faire de nous. »

C'est dans ces entrefaites, que Toulan conçut le projet hardi de faire évader du Temple Louis XVII et la famille royale. Voici, d'après mes notes, comment on devait l'exécuter. J'aurais emporté le jeune roi, dans une corbeille couverte de serviettes ; la reine, en costume d'officier municipal, se serait présentée au guichet pour qu'on me laissât passer. Sa Majesté serait sortie quelques instants après. Madame royale, revêtue d'habits semblables à ceux du fils de l'allumeur, et conduite par M. Ricard (1), dans l'accoutrement et avec la boîte de cet artisan, et précédée par Madame Élisabeth, aussi en costume de municipal, serait sortie en même temps que cette princesse.

Je n'ai plus de notions sur les autres mesures qui devaient être prises pour la sortie de la Tour. Je pense que l'hésitation des municipaux (je ne parle point de l'intrépide Toulan) a nui, seule, à l'exécution.

Lorsque la famille royale n'était point obsédée par les gardiens, les princesses aimaient à se rappeler les actes de fidélité dont elles

---

(1) Voir les Mémoires historiques, page 147. C'était cet ami de Toulan, qui transcrivait les notes de quelque étendue, que nous remettions à la famille royale. La ténuité, la netteté de son écriture et son zèle discret ont été d'une grande utilité.

avaient été l'objet, pendant les scènes horribles de la révolution. La reine daigna même, un jour, se ressouvenir de la première circonstance où j'eus le bonheur d'être remarqué par elle et par le roi, dans la malheureuse matinée du 6 octobre. Cette princesse répéta plusieurs fois, devant Louis XVII et Madame royale, que, ce jour-là, je lui avais sauvé la vie en lui ouvrant la porte secrète de ses petits appartements, donnant dans la pièce dite *l'œil-de-bœuf*, par où elle se réfugia chez le roi, et en refermant cette porte sur les assassins qui la poursuivaient. Ce qui était le plus à remarquer dans ces occasions, c'est que la reine ne parlait jamais de ceux dont elle avait si cruellement à se plaindre, et qu'en recommandant à ses augustes enfants de se souvenir des bonnes actions, elle leur donnait l'exemple d'oublier les injures.

Vers la fin de mars, des rapports faits au conseil général, contre Toulan et plusieurs de ses collègues, rendirent plus défiants les commissaires chargés du service. Il fallut recourir aux billets. Madame Élisabeth m'écrivit :

« La phrase de M. nous a fait bien plaisir. (Monsieur, frère du roi, s'était déclaré régent du royaume.) Comme il est bien important que notre secret ne soit connu de personne, ne parlez pas de nos moyens de correspondance.

« Vous donnerez ceci (un billet) à la personne chez laquelle vous avez été samedi. Donnez-lui de quoi faire paraître l'écriture. Ne me rendez réponse surtout que mardi, pour ne pas multiplier les paquets. Avaient-ils l'air de vouloir découvrir par qui on avait des nouvelles et d'en parler au conseil général? J'ai trouvé le livre. » (C'était une *Semaine sainte* que Madame Élisabeth m'avait demandée.)

Diverses dénonciations, et notamment celle que Tison et sa femme firent contre la reine, les princesses et un grand nombre de personnes, devinrent la cause que Toulan et quelques municipaux furent rayés du nombre de ceux que l'on envoyait au Temple; ils furent remplacés par d'autres qui reçurent des injonctions si sévères, et qui, d'ailleurs, étaient si dévoués aux ennemis de la famille royale, que les communications redevinrent extrêmement difficiles. Cependant, les événements de l'intérieur de la France, et ceux qui se passaient au-dehors, inquiétaient vivement les princesses ; elles furent obligées d'avoir recours aux signaux. Madame Élisabeth me donna ceux-ci à la fin d'avril et dans le mois de mai.

« Y a-t-il une trêve, relevez votre col. Nous demande-t-on aux frontières, la main droite dans la poche de l'habit. Approvisionne-t-on Paris, la main sur le menton. »

« Le général Lamarlière est-il parti, sur le front. Les Espagnols cherchent-ils à rejoindre les Nantais, frottez les sourcils. Croit-on que nous serons encore ici au mois d'août, mouchez-vous sans vous retourner. »

« Après souper, allez chez *Fidèle* (Toulan); demandez-lui s'il a des nouvelles de *Produse* (le prince de Condé). S'il en a d'heureuses, la serviette sous le bras droit; s'il n'en a pas, sous le gauche. Dites-lui que nous craignons que la dénonciation ne lui ait procuré des désagréments. Priez-le, lorsqu'il aura des nouvelles de *Produse*, de vous le dire ; vous nous en instruirez par les signes convenus. »

« Ne pourriez-vous pas, s'il survenait quelque chose de nouveau, nous le mander en écrivant avec du citron sur le papier qui sert de bouchon à la carafe où l'on met la crême, ou bien dans une balle que vous jetterez chez ma sœur, un jour que vous serez seul ? »

« Emparez-vous du papier des bouteilles, lorsque je me moucherai en sortant de chez moi ; quand vous les aurez, appuyez-vous sur le mur en baissant votre serviette lorsque je passerai. Si ce que je vous demande présente quelque danger pour vous, faites-le savoir en passant votre serviette d'une main à l'autre. »

« Croit-on que nous serons encore ici au mois d'août, tenez la serviette dans la main. Nous espérons que l'on ne vous tourmentera plus. Ne craignez pas de faire usage de la main gauche, nous aimons mieux tout savoir. »

« Si les Suisses déclaraient la guerre, le signe serait un doigt sur le menton. Les Nantais sont-ils à Orléans, deux doigts lorsqu'ils y seront. »

Dans le courant de juin, la femme Tison donna des signes de dérangement d'esprit : elle était toujours triste, et poussait des soupirs comme une personne qui éprouve des remords. Quel qu'en fût le motif, elle se vit contrainte par son mari, homme brutal, de faire une nouvelle dénonciation contre la reine et contre Madame Élisabeth : elle les accusa d'entretenir, tous les jours, une correspondance avec moi. Pour prouver le fait, elle descendit au conseil un flambeau qu'elle avait pris dans la chambre de Madame Élisabeth, et fit remarquer aux municipaux une goutte de cire à cacheter qui était tombée sur la bobèche. En effet, le matin, cette princesse m'avait remis un billet cacheté pour M. l'abbé Edgeworth de Firmont, et je m'étais empressé de le porter chez Madame la duchesse de Sérent. Son Altesse royale ne cachetait que les billets pour ce vénérable ecclésiastique, son confesseur (1).

En remontant de la chambre du conseil, la

(1) Voir les *Mémoires* de M. l'abbé de Firmont, pages 121 et 127, 3ᵉ édition.

femme Tison entre dans l'appartement des princesses. Elle aperçoit la reine, sa tête se trouble, elle se précipite aux pieds de la princesse en s'écriant devant les municipaux et sans faire attention à leur présence: « Madame, je demande pardon à Votre Majesté (ce fut son expression): je suis une malheureuse; je suis la cause de votre mort et de celle de Madame Élisabeth. » Les princesses la relevèrent avec bonté et tâchèrent de la calmer. Un moment après, j'entrai avec mes deux camarades, Chrétien et Marchand, portant le dîner de la famille royale, et accompagnés des quatre commissaires surveillants. La femme Tison se jeta à genoux devant moi, en me disant: « M. Turgy, je vous demande pardon: je suis une malheureuse; je suis la cause de la mort de la reine et de la vôtre. » Madame Élisabeth, la relevant aussitôt, me dit: « Turgy, pardonnez-lui. » J'eus l'honneur de répondre à Son Altesse Royale « Que la femme Tison ne m'avait point offensé; qu'en supposant qu'elle l'eût fait, je lui pardonnais de bon cœur. » Cette femme eut ensuite des convulsions affreuses; on la transporta dans une chambre du palais; il fallut huit hommes pour la contenir. Deux jours après, on la conduisit à l'Hôtel-Dieu : elle n'a plus reparu au Temple.

M. Follope, municipal, à qui la femme Tison s'était d'abord adressée, m'avait prévenu de tout ce qu'elle avait déclaré au conseil, et il m'avait recommandé de ne plus me tenir auprès des princesses, afin de ne point confirmer les soupçons des autres commissaires et des gardiens. Dans la soirée, il parvint heureusement à persuader à ses collègues que la dénonciation, ainsi que la scène qui venait de se passer, n'était que l'effet du délire de la malheureuse femme Tison. Il jeta au feu la dénonciation.

Ce jour-là fut assurément un de ceux où je redoutai le plus d'être mis en arrestation, non pour moi, j'étais résigné, mais parce qu'il aurait enlevé à la famille royale tout moyen de correspondance, et le seul adoucissement aux ennuis et aux tourments de leur horrible captivité. Il est bien arrivé plusieurs fois que des municipaux, épiant les signes, les regards des princesses ou les miens, tentaient d'en deviner le sens, recherchaient avidement à quoi ils se rattachaient, et nous causaient une inquiétude très-pénible ; mais ce fut toujours sans succès. Un jour, Tison s'empare du bouchon de papier d'une carafe ; il l'examine attentivement, le présente au jour, et n'y voyant rien, il le met dans sa poche. Les princesses pâlissent de frayeur : que l'on juge de leur anxiété ! Mais, soit que Tison eût perdu ce papier, soit qu'il ne connût pas les moyens de faire revivre l'écriture, cette alarme n'eut pas de suite. Ainsi, chose étonnante ! aucun de nos billets n'a été découvert : j'en remercie, chaque jour, la Providence divine.

Les avis de l'honnête M. Follope (1) nous rendirent encore plus réservés. Ce ne fut que le surlendemain que la reine, en me rendant sa serviette, parvint à me glisser un papier sur lequel Sa Majesté avait écrit ces questions :

(1) Il fut compris dans l'acte d'accusation de Madame Élisabeth, et périt avec elle, le 9 mai 1794.

« Que crie-t-on sous nos barreaux (ici plusieurs mots devenus illisibles)? Ma sœur demandera peut-être du lait d'amande. La commune est-elle renouvelée? La femme Tison est-elle aussi folle qu'on le dit? Pense-t-on à la remplacer auprès de nous? Est-elle bien soignée? »

Qui pourra lire ces derniers mots sans émotion!

Ce fut en cette circonstance que je fis part à la reine de l'intention où j'étais de demander au conseil général de la commune à être renfermé dans la Tour, pour me livrer uniquement au service intérieur des princesses, et leur épargner beaucoup de soins très-pénibles. Sa Majesté me répondit :

« Votre proposition nous serait agréable; mais, par vous, nous sommes informées de tout, et si vous étiez renfermé, nous ne pourrions plus rien savoir. Si l'on vient à nous déporter, et que vous ne puissiez pas partir avec nous, venez nous rejoindre partout où nous serons, avec votre femme, votre fils et toute votre famille. »

L'événement de la femme Tison avait consterné son mari. Les soins que la reine et les princesses donnèrent à cette femme, dont elles avaient tant à se plaindre, touchèrent ce geôlier, au point qu'il me témoigna du repentir de sa conduite passée, et le désir d'en donner quelque preuve: il en saisit la première occasion.

Lorsque le jeune roi se mettait à table, on lui donnait un siége plus élevé que les autres et garni d'un coussin. Un jour que ce siége était occupé par un municipal nommé Bernard, qui avait été desservant de l'hospice de la Pitié, on assit l'auguste enfant sur un siége ordinaire. Il était si bas, qu'à peine pouvait-il atteindre ce qui était sur son assiette; mais personne n'osait déranger Bernard, connu pour sa grossièreté. Tison survint: je lui fis un signe, il me comprit. Il demanda au municipal de rendre à l'enfant le siége dont il se servait ordinairement, et lui en présenta un autre. Bernard refusa brusquement, en disant devant la reine et les princesses: « Je n'ai jamais vu donner ni table ni chaise à des prisonniers; la paille est assez bonne pour eux (1). »

Tison m'offrit de me donner des nouvelles, de me procurer des journaux. J'instruisis Madame Élisabeth de tout ceci; elle me donna bientôt cette réponse :

« Calculez bien la demande de Tison ; que votre zèle ne vous fasse rien hasarder qui puisse vous nuire, et si vous cédez, que ce ne soit qu'après avoir fait promettre le plus grand secret. Ne vous a-t-on pas défendu de parler à Tison? calculez encore cela. Tâchez de savoir si l'on ne veut pas rejeter les mouvements sur ma compagne (la reine); si l'on ne veut pas emmener son bien, plus loin que deux lieues. » (On parlait de mettre Louis XVII et Madame royale au château de Choisy-le-Roi.)

« Cette question n'est pas pressée. C'est Toulan qui nous a donné (2) le journal dont j'ai parlé hier. La manière dont vous nous servez, fait notre consolation. Demandez à

---

(1) Bernard fut mis hors la loi, comme complice de Robespierre, et exécuté le 29 juillet 1794 (11 therm. an II).

(2) Dans un de ses envois.

Madame S. (Sérent) réponse sur Miranda. »

Je vais transcrire plusieurs autres billets de Madame Élisabeth, depuis les premiers jours de juillet jusqu'à la fin de septembre (1).

« Nous avons vu hier un journal qui parle de Saumur et d'Angers, comme si la R. (République) en était encore maîtresse ; qu'est-ce que cela veut dire ? Marat est-il tout-à-fait mort? cela fait-il du mouvement?

« Donnez à *Fidèle* ce billet de notre part. Dites-lui, ma sœur a voulu que vous le sachiez, que nous voyons tous les jours le petit (Louis XVII) par la fenêtre de l'escalier de la garde-robe ; mais que cela ne vous empêche pas de nous en donner des nouvelles. »

« Pourquoi tambourine-t-on depuis six heures du matin? Réponse sur cela. Si vous pouvez, sans compromettre Madame de Sérent et vous, écrivez-lui, de ma part, que je la prie de ne pas rester à Paris pour moi; la motion des Cordeliers contre les nobles me tourmente pour elle. S'il se passe quelque chose à

---

(1) Même observation qu'à la page 348.

la Fédération, n'oubliez pas de m'en instruire. »

« Pour *Fidèle*, un billet. Où commande ce monsieur? Lorsque vous me parlez d'un nouveau nom, dites-moi où il habite, car je ne connais pas un de ces messieurs-là. Je n'ai plus rien que de la noix de galle, ainsi, l'on peut venir fouiller si l'on veut. Je me suis défait, à mesure, de ce que vous me donnez. Je vous ai demandé si vous en aviez fait autant; si vous ne l'avez pas fait, faites-le, je l'exige: cela est nécessaire pour la sûreté de la personne (la reine) et la vôtre. »

« Y a-t-il quelque vérité à toutes les victoires que l'on crie depuis trois jours? »

« Dites à *Fidèle* combien nous sommes touchées de son dernier billet. Nous n'avions pas besoin de cette assurance pour compter bien et toujours sur lui. Ses signaux sont bons (1); nous dirons seulement : « Aux armes, citoyens! » en cas que l'on pense à

---

(1) Il avait loué une chambre dans une maison près du Temple : il y donnait, sur le cor, des airs en rapport avec ces signaux.

nous réunir; mais nous craignons bien que ce genre de précaution ne soit pas nécessaire. »

« Si vous avez besoin que je demande du lait d'amande, vous tiendrez votre serviette basse, lorsque je passerai. Qu'est devenue la flotte anglaise (plusieurs mots devenus illisibles) et mes frères? Avons-nous une flotte dans quelques mers? Qu'est-ce que vous entendez, en disant que tout va bien? Est-ce un espoir prompt de la fin, un changement dans l'esprit public, ou que tout marche bien? Y a-t-il des exécutions de gens connus comme nous en entendons? Comment se porte Madame S. (Sérent), et mon abbé (M. Edgeworth)? Saurait-il, par hasard, des nouvelles de Madame de Bombelles, qui est près de Saint-Gall, en Suisse? Que sont devenues les personnes de Saint-Cyr? Dites si vous avez bien lu, et couvrez la carafe avec quelque papier bon pour nous servir. Pour *Fidèle*, demandez-lui si Michonis voit ma sœur, et s'il n'y a que Michonis pour la garder. »

« Ce que vous me marquez de la personne (la reine), me fait bien plaisir. Est-ce le gendarme ou la femme qui couche chez elle? Pourrait-on savoir, par celle que *Constant* (M. Hue) a vue, autre chose que des nouvelles de ce qu'elle aime? Si vous ne pouvez lui être utile ici (on parlait de me réformer), mettez-vous en un lieu sûr où vous ne serez pas forcé de marcher (1); mais dites-moi où, en cas que nous ayons besoin de vous. Je ne crois pas, pour ce qui me regarde, à la déportation; mais, dans ce cas, venez me rejoindre si vous n'êtes pas nécessaire à la personne (la reine). Je ne puis croire encore que vous partiez. Tâchez de me faire savoir ce qui sera décidé, et si vous restez, et que la femme Tison vienne, pourriez-vous jeter un papier dans le panier, ou bien le mettre dans un morceau de pain? Dites si c'est par Madame S. (Sérent) que vous savez des nouvelles d'un être (M. l'abbé Edgeworth) qui, comme moi, sait apprécier les gens fidèles. C'est avec bien du regret que je me vois enlever le seul qui me reste. »

(1) Pour la réquisition.

« Votre sort se décide-t-il ? Réponse sur cette question. S'il était nécessaire que nous eussions votre billet promptement, appuyez-vous sur le mur en baissant votre serviette. Tison nous empêche quelquefois de le prendre de suite, mais nous le veillons : soyez tranquille. Ceci n'est que lorsque vous aurez un avis pressé à nous donner. Quel est le municipal que l'on soupçonne d'être en correspondance avec nous ? Est-ce par écrit ou seulement pour nous donner des nouvelles ? Qui a dit cela ? N'a-t-on nul soupçon sur vous ? Prenez bien garde. »

Dans le courant de septembre, Hébert et les commissaires de service au Temple, se présentèrent chez Madame Élisabeth, et notifièrent aux princesses, que l'égalité devant régner partout, dans les prisons comme ailleurs, elles n'auraient plus personne pour les servir. Bientôt après, le conseil prit l'arrêté qui réduisait les augustes prisonniers à n'avoir plus qu'une sorte d'aliment à chaque repas.

J'en donnai avis à Mme Élisabeth, ainsi

que des menaces, réitérées chaque jour, de me congédier. Son Altesse Royale me répondit :

11 octobre 1793, deux heures un quart.

« Je suis bien affligée. Ménagez-vous pour le temps que nous serons plus heureux, et où nous pourrons vous récompenser ; emportez la consolation d'avoir bien servi de bons et malheureux maîtres. Recommandez à *Fidèle* de ne pas trop se hasarder pour nos signaux (par le cor). Si le hasard vous fait voir Madame Mallemain, dites-lui de mes nouvelles et que je pense à elle. Adieu, honnête homme et fidèle sujet. »

12 octobre 1793, à deux heures.

« Ma petite (Madame Royale) prétend que vous m'avez fait signe hier matin ; tirez-moi d'inquiétude, si vous le pouvez encore. Je n'ai rien trouvé ; si vous l'avez mis sous le seau, cela aura pu couler avec l'eau et ne sera sûrement pas trouvé. S'il y a quelque chose de nouveau pour vous, faites-le moi savoir si vous le pouvez encore. Avez-vous pu lire le second petit papier où je vous parlais de Madame

Mallemain, une de mes femmes. Ceci (un billet) est pour *Fidèle*. Dites-lui que je suis convaincue de ses sentiments. Je le remercie des nouvelles qu'il me donne; je suis bien affligée de ce qui lui est arrivé (1). Adieu, honnête homme et fidèle sujet. J'espère que le Dieu auquel vous avez été fidèle, vous soutiendra et vous consolera de ce que vous avez à souffrir. »

Ce jour-là, 12, les commissaires du Temple nous firent monter le dîner de Madame Royale, comme à l'ordinaire ; mais ils ne voulurent pas qu'on dressât leur table. Ils donnèrent à chacune des princesses une assiette, dans laquelle ils mirent de la soupe avec un morceau de bœuf, et, à côté, un morceau de gros pain ; ils leur remirent une cuiller d'étain, une fourchette de fer et un couteau à manche de bois noir, puis une bouteille de vin de cabaret.

Les commissaires se firent ensuite servir le dîner préparé pour les augustes prisonnières.

(1) Il avait été arrêté, mais il s'était échappé. Voir sa note biographique, numéro 17.

C'est ainsi que les scélérats commencèrent à exécuter leur odieux arrêté, et c'est ainsi que les princesses continuèrent à être traitées pendant leur captivité.

Le lendemain, 13 octobre, à six heures du matin, les municipaux me signifièrent l'ordre de sortir du Temple sur-le-champ. Je partis avec mes bons camarades, Chrétien et Marchand, navrés de douleur de ce que nous avions vu, et accablés de craintes pour l'avenir de nos augustes et malheureux maîtres.

Je me retirai à Tournans, en Brie, dans ma famille; j'y éprouvai, d'abord, beaucoup de persécutions. Peu à peu, l'on me laissa vivre tranquille.

Madame Royale, au moment de son départ pour Vienne, m'ordonna de l'y accompagner: j'étais malade alors, et la dificulté d'obtenir un passe-port, m'empêcha de me rendre auprès de cette princesse aussi promptement que je l'aurais désiré.

J'eus l'honneur de suivre son Altesse Royale en Russie, où elle épousa, à Mittau, Monseigneur le duc d'Angoulême, le 10 juin 1799.

Quelques mois après, Sa Majesté Louis XVIII a daigné récompenser mes services, en me donnant, de sa main royale, cette attestation:

« J'éprouve une véritable satisfaction à at-
» tester que, durant la captivité du feu roi mon
» frère, au Temple, et après sa mort, aussi
» long-temps qu'il a été possible de servir le
» feu roi mon neveu, la feue reine sa mère et
» ma belle-sœur, feu Madame Élisabeth ma
» sœur, et Madame la duchesse d'Angoulême
» ma nièce, le sieur Turgy les a servis avec
» un courage, une fidélité, un zèle et une in-
» telligence à toute épreuve, et ne pouvant, en
» ce moment, le récompenser comme je dési-
» rerais, je veux du moins que la présente
» attestation soit à jamais pour lui un titre
» d'honneur (1), et pour ses enfants et descen-
» dants un motif d'encouragement pour imi-
» ter, dans tous les temps, l'exemple qu'il

(1) Louis XVIII accorda à M. de Turgy des lettres de noblesse, et le nomma officier de l'ordre royal de la Légion d'honneur.

M. le chevalier et de Turgy a été, depuis, premier valet-de-chambre et huissier du cabinet de son Altesse Royale, Madame, duchesse d'Angoulême.

» leur a donné. En foi de quoi j'ai écrit et si-
» gné cette attestation de ma main, et j'y ai
» fait apposer mon scel. Au château de Mittau,
» ce 17 décembre 1799. »

Signé LOUIS.

Ici est le scel de Sa Majesté.

TABLE

Introduction. v
Vie de Madame Elisabeth. 1
Prière du matin, composée au Temple par Mme Élisabeth. 89
Noms de ceux qui ont eu la gloire de partager le martyre de Madame Élisabeth. 91
Lettres de Mme Élisabeth à Mme de Raigecour. . 95
— à Mme de Causan. 227
— à Mme Marie de Causan. 233
— à M. l'abbé R. D. L. 269
Pièces justificatives. — Procès d'Élisabeth-Marie Capet, sœur de Louis XVI. 293
Translation d'Élisabeth à la Conciergerie. . . 297
Déclaration du citoyen Pépin, qui constate qu'Élisabeth Capet a fait passer à ses frères tous ses diamants, pour payer les troupes qu'ils entretenaient contre la France. 308
Traduction de Marie-Élisabeth Capet au tribunal révolutionnaire de Paris, et son jugement. . 310

TABLE.

Procès-verbal d'exécution d'Élisabeth Capet. . .	325
Procès de Mme Élisabeth par Chauveau-La-Garde.	327
Dernier billet de Mme Élisabeth à M. de Turgy. .	336
Fragments historiques sur la captivité de la famille royale à la Tour du Temple.	338
Billet de Louis XVI à Cléry	357

BIBLIOTHÈQUE NATIONALE

CHÂTEAU de SABLÉ

1988

www.ingramcontent.com/pod-product-compliance
Lightning Source LLC
Chambersburg PA
CBHW071909230426
43671CB00010B/1536